edition suhrkamp

Redaktion: Günther Busch

Gershom Scholem, geboren am 5. Dezember 1897 in Berlin, gestorben am 20. Februar 1982 in Jerusalem, war Professor für Jüdische Mystik an der Hebräischen Universität in Jerusalem. Seinen großen Werken über die Religionsgeschichte und Phänomenologie der jüdischen Mystik läßt Scholem hier vier Reden folgen, in denen er einige der für die Charakteristik des Judentums entscheidenden Grundbegriffe einer neuen Betrachtung unterzieht. Eine jahrzehntelange Beschäftigung mit der religiösen Welt des Judentums hat in diesen, in ihrer ursprünglichen Fassung aus Vorträgen an den Eranos-Tagungen in Ascona hervorgegangenen Reden ihren scharf präzisierten und oft überraschenden Ausdruck erhalten. Hier werden die großen Linien herausgearbeitet, die für ein Verständnis der jüdischen Begriffe von Gott, Schöpfung, Offenbarung, Tradition, Erlösung grundlegend sind. Es kann nicht überraschen, daß die Akzente bei einer solchen Betrachtung, die auch die so lange vernachlässigten Entwicklungen innerhalb der jüdischen Mystik einbezieht, in vielem wesentlich anders ausfallen als in früheren Darstellungen.

Gershom Scholem
Über einige Grundbegriffe
des Judentums

Suhrkamp Verlag

edition suhrkamp 414
Erste Auflage 1970
© Suhrkamp Verlag, Frankfurt am Main 1970. Die Zusammenstellung erfolgte für die edition suhrkamp. Printed in Germany. Alle Rechte vorbehalten, insbesondere das der Übersetzung und der Übertragung durch Rundfunk oder Fernsehen, auch einzelner Teile. Satz, in Linotype Garamond, Druck: Nomos Verlagsgesellschaft, Baden-Baden. Gesamtausstattung Willy Fleckhaus.

5 6 7 8 9 10 – 91 90 89 88 87 86

Inhalt

Vorwort 7

I Das Ringen zwischen dem biblischen Gott und dem Gott Plotins in der alten Kabbala 9

II Schöpfung aus Nichts und Selbstverschränkung Gottes 53

III Offenbarung und Tradition als religiöse Kategorien im Judentum 90

IV Zum Verständnis der messianischen Idee im Judentum. Mit einer Nachbemerkung: Aus einem Brief an einen protestantischen Theologen 121

Vorwort

Die hier vereinigten Vorträge habe ich in den Jahren 1957 bis 1965 auf der jährlichen Eranos-Tagung in Ascona gehalten. Sie verfolgen die Geschichte bestimmter Grundvorstellungen des Judentums im Allgemeinen und in ihrer besonderen Ausbildung in der jüdischen Mystik, der Kabbala. Man darf wohl sagen, daß die Begriffe von Gott, Schöpfung, Offenbarung, Tradition und Erlösung für die Erkenntnis des Judentums als eines religiösen Phänomens grundlegend sind. Ich habe hier versucht, die großen Linien herauszuarbeiten, die sich dem Religionshistoriker bei der Betrachtung dieser zentralen Vorstellungen abzeichnen. Daß die Akzente bei einer solchen Betrachtung, die auch die so lange vernachlässigten Entwicklungen in der jüdischen Mystik einbezieht, in vielem wesentlich anders ausfallen als in früheren Darstellungen, kann nicht überraschen.
Die zweite Rede erscheint hier in einer umgearbeiteten und ergänzten Form. Die vierte Rede, die einigen Staub aufgewirbelt hat, erscheint mit einer kurzen Nachbemerkung zur Klärung der Diskussion.

Das Ringen zwischen dem biblischen Gott und dem Gott Plotins in der alten Kabbala

I

Die mittelalterliche Entwicklung der großen monotheistischen Religionen schwingt zwischen zwei Polen, und was immer sonst ihre Differenzen sein mögen, ist es gerade diese Spannung und die mit ihr verbundenen Auseinandersetzungen, in denen sie sich am meisten nahekommen. Es ist die Spannung zwischen den originären Quellen ihrer religiösen Welt in kanonischen Schriften, die als Offenbarung rezipiert werden, und der Welt des spekulativen Denkens, die aus dem Erbe der griechischen Philosophie in den Bereich der ursprünglichen religiösen Vorstellungen eindringt, sich ihrer zu bemächtigen sucht und mit ihr in Konkurrenz tritt und sie verwandelt. Aus dieser Spannung ist die Welt der Theologie geboren, die nun ihrerseits ein Erbe darstellt, einen Schatz von Ideen, Vorstellungen und Bildern, der auf die niemals abbrechende religiöse Erfahrung einen formenden Einfluß ausübt. Die Welt der Mystiker, in der solche lebendige Erfahrung vor allem hervortritt, hat denn auch den stärksten Anteil an der von diesem doppelten Erbe bedingten Spannung.

Wenn ich hier an einigen besonders charakteristischen Momenten zeigen will, wie sich dieser Kampf des spekulativen Denkens um das biblische Erbe in der Kabbala, vornehmlich der älteren, darstellt und wie er das Gesicht der jüdischen Mystik und Theosophie entscheidend bestimmt hat, so gebe ich damit nur ein Paradigma der allgemeinen Problematik, von der ich eben sprach. Ist es doch auch für die allgemeine Betrachtung immer ausschlaggebend, zu sehen, wie ein solcher Vorgang sich im konkreten Falle und an einem konkreten religiösen Phänomen vollzieht. Der dramatische Widerstreit der Ideen, wie er aus der Welt des Menschen auch in die der Gottheit transponiert wird, wird sich uns dabei, wie ich hoffe, überzeugend präsentieren.

Die Lehre von Gott in der jüdischen rationalen Theologie

des Mittelalters ließe sich leidlich zutreffend als ein Kampf zwischen Plato und Aristoteles um das biblische Erbe charakterisieren. (Nicht viel anders steht es ja auch mit der Theologie der Scholastik.) Im Bereich der Kabbala darf man aber diese Formulierung weiter zuspitzen und sagen, daß es der Gott der Bibel und Plotins sind – wenn anders man dabei von einem Gott sprechen kann – deren Widerstreit ebenso überwältigend ist wie das Bemühen der Mystiker des Judentums, sie zu identifizieren, für uns faszinierend.

Der Gott der Bibel, bevor er in den Schmelztiegel der sich langsam und unter großen Wehen bildenden spekulativen Theologie geriet, ist kein Produkt des Denkens und steht nicht am Ende eines langen Prozesses denkerischer Anstrengung. Er ist eine historische Erfahrung der Gemeinschaft und eine individuelle Erfahrung des Frommen der biblischen Zeit, die am Anfang, im Zentrum und am Ende seiner Erfahrung steht. Er teilt sich mit, er spricht sich aus, er wirkt unmittelbar in seiner Schöpfung. Seine Manifestationen sind viel zu handgreiflich, als daß sie eines Beweises bedürften, seine Machterweisungen sind an Natur und Geschichte abzulesen, vor allem an der letzteren, und wenn er sich verbirgt, so ist es nicht, weil er seiner Natur nach verborgen wäre, sondern weil wir seiner Offenbarung nicht würdig sind, weil wir einen Schleier um ihn gelegt haben, den wir selber hervorgebracht haben. Dieser Gott, so hoch seine Wege immer über den unsern stehen mögen, so wenig seine Gedanken an den unseren zu messen sind, hat positive Attribute, mit denen ihn die Bücher der Bibel reichlich, allzureichlich ausstatten. Er ist der Schöpfer, der König, der Richter, der Gerechte und der Spendende, der Herr der Geschichte, der aus den Geheimnissen, die ihn umfließen, hervortritt, um sich zu offenbaren. Er hat Willen und Bewußtsein, das als planende und überschauende Weisheit, als überlegene Einsicht zwar nicht begriffen, aber doch ergriffen werden kann. Als das fragende Denken sich an ihn heranwagt, in jenen bis heute durch die Jahrtausende hallenden und unbeantworteten Fragen des Buches Hiob, bleibt er in seiner Unbegreiflichkeit noch immer der nächste Partner des großen Gesprächs, als ein wahrhaft jüdischer Gott, der auf unbeantwortbare

Fragen mit noch viel unbeantwortbareren antwortet. Auf die Frage Hiobs, warum er die Ungerechtigkeit in der Welt zulasse, antwortet er mit der, ob denn Hiob bei der Schöpfung dabeigewesen sei. Und doch, die offensichtliche Inadäquatheit der Antwort auf eine nur allzu sinnvolle Frage löst bei ihrem Partner nicht Skepsis aus, sondern überwältigt ihn, wenn man das für eine Form der Überzeugung halten darf. Der Gott, der zu Hiob aus dem Sturme spricht, ist so real, daß er die Fragen des sich regenden Gewissens überschreien kann und dieser Schrei seinen Kritiker beruhigt. In seiner Einheit ist dieser Gott, von Moses bis Hiob, zugleich ganz und gar Persönlichkeit, und weil er Persönlichkeit ist, gibt es Offenbarung. Seine Einheit ist die der Persönlichkeit, und die Vielfältigkeit der Bestimmungen, die von ihm ausgesagt werden, und der Aktionen, die ihm zugeschrieben werden, nimmt nichts von dieser lebendigen Einheit fort und macht sie für die biblischen Autoren noch in keiner Weise zum Problem.

Diesem Einen, das so ganz und gar Persönlichkeit ist, steht in Plotin, in dem am Ausgang der Antike sich die griechische Philosophie noch einmal zu höchster Höhe erhebt und dessen Erbschaft für die Geschichte der Mystik in den monotheistischen Religionen so entscheidend geworden ist[1], in seinem Begriff des Einen der genaue Gegenpol zum biblischen Gott gegenüber. *Der* Eine und *das* Eine, τὸ ἕν – wie himmelweit verschieden sind sie doch und wie sehr stimulierte zugleich die verführerische, wenn auch vielleicht mehr scheinbare Identität der Terminologie die Bemühungen späterer Generationen, beide aufeinander zu beziehen. Bevor wir aber uns diesen Bemühungen, wie sie vor allem bei den Kabbalisten des 13. Jahrhunderts so eindrucksvoll sichtbar werden, im folgenden zuwenden können, gilt es, den Charakter des plotinischen Einen deutlich zu machen. Dabei ist vor allem hervorzuheben, daß das Eine Plotins nur sehr selten als Gott bezeichnet wird. Er vermag ganze Kapitel seiner *Enneaden* der Erörterung des Einen zu widmen, ohne dabei es auch nur einmal als Gott zu bezeichnen. Andrerseits versagt er sich dieses Prädikat durchaus nicht ganz, wenn er

---

[1] Vgl. Adalbert Merx, *Idee und Grundlinien einer allgemeinen Geschichte der Mystik*, Heidelberg 1893.

auch im allgemeinen unter Gott oder noch mehr dem Göttlichen gerade den Intellekt, die erste Emanation des Einen, versteht[2].

Dies Eine steht am Ende des philosophischen Weges. Es ist das, wozu die Betrachtung des Denkers über die Stufen des Wirklichen zuletzt vordringt. Und es ist, im Gegensatz zu dem Gott der Bibel, eben die völlige Abwesenheit aller Bestimmungen, in deren Betonung der Denker sich nicht genugtun kann. Es ist das Eine und das völlig Einfache, aber damit ist nichts über seine spezifische Natur gesagt. Wir wissen, daß es ist, aber nicht, *was* und *wie* es ist. Denn als Eines ist es konzipiert, weil es die Antithese zur Vielfältigkeit und Zerrissenheit der Welt darstellt. Über seinen Inhalt ist damit nichts ausgesagt. Die Vielfalt und der Wechsel sind das einzige, was in der Welt angetroffen wird. Ihre Werte haben nichts mit dem höchsten Wert gemeinsam, der vielmehr aus der Verneinung, aus dem Übersteigen aller uns bekannten Werte gewonnen wird. Diese Negation ist für den Neuplatoniker entscheidend; Plotin und seine Nachfolger schwelgen in ihr. Das einzige Prädikat, das dem Einen und Einfachen von Plotin zugestanden wird, und auch das nur unter Einschränkungen, ist die Güte, und diese wenigstens scheinbar ethische Bestimmung hat nicht wenig dazu getan, den Gläubigen der Offenbarungsreligionen die Identifizierung mit ihrem Gott zu erleichtern. In Wahrheit erlaubt Plotin nur im übertragenen Sinne, von solcher Güte zu sprechen. Denn das Eine ist nicht gut in sich selbst, sondern in bezug auf das Andere, aus ihm Strömende. Genau gesprochen ist es ein »Übergutes«, ὑπεράγαθον, und selber der Sphäre des Sittlichen entrückt. Das Wörtchen *hyper,* das allen Bestimmungen vorangesetzt wird, dient dazu, sie für Gott oder das Eine zu verneinen, indem es ihn über sie hinaushebt. Das »Darüberhinaus«, das »Jenseits von« ist so das wesentlichste Prädikat dieses Einen. Es ist nie dort, wo man geneigt sein könnte, es zu suchen; es ist immer jenseits davon. Es ist jenseits des Lebens, jenseits des reinen Seins, ja sogar, *gegen* Plato und Aristoteles,

---

2 Vgl. die Diskussion solcher Stellen, wo von »Gott« gesprochen wird, dabei aber das Eine gemeint ist, bei René Arnou, *Le désir de Dieu dans la philosophie de Plotin,* Paris 1921, S. 125-126.

jenseits des Denkens. Es kann von ihm nicht einmal gesagt werden, daß es sich selber denkt. Genau so wenig findet in ihm ein bestimmtes Wollen statt. Diese beiden Negationen, in denen dem Grunde allen Seins der Wille und das Denken abgesprochen werden, machen am ehesten deutlich, wie völlig verschieden dieser Gottesbegriff des Einen, wenn man von einem solchen sprechen dürfte, von dem Gott der Bibel ist. »Wenn jemand von der Substanz und dem Denken hinaufschreitet, so wird er nicht zu einer Substanz gelangen und nicht zu einem Denken, sondern er wird jenseits von Substanz und Denken anlangen bei einem wundersamen Etwas, das weder Substanz noch Denken in sich hat.«[3] Dies Eine ist bei Plotin als Anfang, Wurzel, Zentrum und Quelle bezeichnet; aber diese Bilder weisen nicht etwa auf eine Schöpfertätigkeit des Einen hin. Denn, »in ehrwürdiger Ruhe stillestehend«, teilnahmslos und unbedürftig, stellt es die »selbstgenügsame Einheit« dar. Die Welt verdankt ihre Existenz nicht der Güte oder der Schöpferlust und überhaupt keinem bewußten Schaffen, sondern der allem Bewußtsein entrückten, von ihm ausgehenden Emanation, in der das Eine sich auf den drei Seinsstufen des Intellekts, der Weltseele und der Natur ins Viele verströmt. Alles geht in einem notwendigen Prozeß vom Einen aus und strebt aus seiner Vielfalt wieder zu ihm zurück. Einen Schöpfungsakt im Sinne der Bibel gibt es also nicht, und ebensowenig läßt sich von einem Akt der Offenbarung sprechen. Die Seele, die sich der Kontemplation des Seienden zuwendet und in ihr von der bunten Vielfalt zu relativ einfacheren Gestaltungen des Seins in der Weltseele und dem Intellekt vordringt, vermag in der Ekstase aus sich herauszutreten, sich selbst zu übersteigen und in einem Akt reiner Entrückung in seltenen Momenten das Eine zu schauen; aber solche Schau ist kein Hervortreten des Einen in einem Akt der Offenbarung.

So fehlt also dem Gott Plotins außer der Einheit alles, was

---

[3] *Enneaden* VI, 7,40. Andrerseits fehlt es nicht an Behauptungen, wonach der Wille und das Wesen des Einen identisch sind, ein Wille freilich, der sich auf sich selber und nicht auf etwas anderes richtet: »Er will er selber sein und ist das, was er will; sein Wille und er selber sind eine Einheit«, wie vor allem VI, 8, 13, ausgeführt wird.

ihn mit dem Gott der Bibel verbinden könnte, und vor allem, um es zusammenfassend zu sagen, die Persönlichkeit. Freilich unverkennbar, und für den Leser der *Enneaden* überaus spürbar, umgibt eine Aura des Heiligen auch dies neutrale Eine des Plotin. Die Literatur der Religionshistoriker ist voller Beschwerden aufgeklärter und gelehrter Geister über die Gewaltsamkeit und Inkongruenz der vor allem mit dem fünften Jahrhundert einsetzenden Versuche, diese beiden Bereiche zu verbinden, die, wie einer von ihnen sagt, »nur auf den Schleichwegen antiker Auslegung durch Willkür und Allegorie in Zusammenhang gesetzt werden konnten«.[4] Solche Beschwerden, so begründet sie offenkundig sind, verraten wenig historischen Sinn und übersehen das Entscheidende, die mystische Überzeugung von der unendlichen Sinnesfülle der Offenbarung und der religiösen Erfahrung, die diesen Versuchen zugrunde liegt und der mit Beschwerden über ihre Gewaltsamkeit nicht beizukommen ist. Der Prozeß, der sich zuerst bei den christlichen Neuplatonikern, dann im Islam und Judentum vollzogen hat, beruhte auf der Überzeugung, daß es eine Hierarchie der religiösen Erfahrung gibt, in der auf verschiedenen Ebenen Verschiedenes erfahren wird und in der der Fortschritt von einer Erfahrung zur anderen keinen Widerspruch bedingt. Es bleibt aber wahr, daß dieses Sich-aufeinander-Beziehen der beiden religiösen Bereiche nicht ohne große Anstrengung, ja Gewaltsamkeit zustande kam und daß ein Preis dafür gezahlt werden mußte. Dieser Preis bestand in der Auflockerung, ja Aufschmelzung der neuplatonischen Konzeption des Einen und in einer gewissen Unsicherheit in bezug auf die Persönlichkeit Gottes. Denn selbst wo sie behauptet wurde – und das gilt von den meisten uns bekannten Versuchen dieser Art –, blieb etwas Unausgeglichenes und Prekäres in solcher Behauptung zurück, und ein Echo der unpersönlichen Auffassung des Einen hallt noch bei manchen Mystikern des Mittelalters nach. Neben die Bestimmungslosigkeit Gottes tritt nun, freilich auf anderer Ebene, seine Bestimmbarkeit als Herr der Schöpfung und Quelle der Offenbarung. Sein Schöpfertum, und damit sein Bewußtsein und sein Wille, tritt für das religiöse Denken in den Mittelpunkt

4 Merx, S. 19.

und verlangt, in die Konzeption seiner Einheit aufgenommen oder einbegriffen zu werden. Das war ebensosehr das Anliegen der Theosophie und Mystik wie das der großen Theologen, in deren Erörterungen über Gott, auch wo sie unter der Inspiration des Aristoteles zu stehen scheinen, ein starkes neuplatonisches Element greifbar ist. Zum Teil ist dies Element durch die sogenannte *Theologie des Aristoteles* und verwandte Schriften hereingekommen, die in Wirklichkeit Bearbeitungen und Auszüge neuplatonischer Schulschriften waren, die unter falscher Flagge segelten.

Die Theologien der monotheistischen Religionen im Mittelalter beruhen im wesentlichen auf der Auseinandersetzung des biblischen Glaubens mit der Begriffswelt der griechischen Philosophie, zuerst in ihren platonischen und vor allem neuplatonischen (plotinischen und prokleischen) Formen, dann in wachsendem Maße in ihren aristotelischen Kristallisationen. Es handelt sich dabei um durchaus denkerische Anstrengungen, in denen das rein Religiöse Gegenstand begrifflicher Durchdringung wird. So spielt das Erbe einer anderen großen Bewegung, nämlich der Gnosis, in diesen Versuchen keine aus historischer Kontinuität heraus faßbare Rolle. Nur in zwei Bereichen haben wir es, soweit ich urteilen kann, mit gnostischen und theosophischen Gedankenentwicklungen zu tun, und bei beiden entsteht, wie immer verschieden gelegen, die Frage, ob es sich dabei um Filiationen zur spätantiken Gnosis handelt oder ob ein verwandter Antrieb, der viel stärker religiös als philosophisch bestimmt war, verwandte Strukturen hervorgebracht hat. Ich meine die Bereiche der islamischen Esoterik, deren gnostischer Charakter vor allem in den Untersuchungen von Henri Corbin herausgearbeitet worden ist, und der jüdischen Esoterik, wie sie uns in der Überlieferung der Kabbalisten vorliegt. Dabei interessiert uns in diesem Zusammenhange nicht die Anthropologie und Kosmologie der Gnostiker der Spätantike, so entscheidend deren Bedeutung gerade für die Diskussionen über das, was eigentlich Gnosis sei, ist. Uns liegt hier an der eigentlichen Theologie, also der Lehre von Gott und den dem Göttlichen verbundenen Bereichen.

Ob diese Lehren der alten Gnostiker, wie die Kirchenväter

ihnen vorwarfen, auf einer Verwilderung der platonischen Ideenlehre beruhten oder vielmehr aus anderen, orientalischen Quellen sich herschrieben, die mit dem Platonismus nur sekundär zusammengebracht wurden, bildet den Gegenstand ausgedehnter und überaus faszinierender Kontroversen, deren Abschluß noch in keiner Weise vorauszusehen ist. Für uns kommt es darauf nicht entscheidend an. Plotin, dessen Polemik gegen die Gnostiker wir in einer der Abhandlungen der *Enneaden* besitzen, nimmt beide Quellen für ihre Vorstellungen in Anspruch. Unter den Einwänden, die er ihnen macht und bei denen er auch wichtige ihm und den Gnostikern gemeinsame Züge anerkennt, nimmt der Vorwurf der unnötigen Vielfalt, die sie in die Welt des Intellekts hineingebracht hätten, eine wichtige Stellung ein. Plotin lag an der möglichsten Vereinfachung der Struktur des Seienden, der Mittelglieder zwischen dem Einen und der phänomenalen Welt. Die Welt des *Nous,* der ersten Emanation, ist für ihn zugleich die der höchsten Idee und die des aristotelischen Gottes, der sich selber denkt. Er wirft den Gnostikern vor, daß sie unnötigerweise diese einheitliche Welt des *Nous* in eine Vielfalt von Emanationen auflösen, mit denen sie das göttliche Pleroma anfüllen. Er sah, daß es um deren Deduktion in einem philosophischen Sinne schlecht bestellt war und daß diese Äonen anderen als philosophischen Antrieben ihr Dasein im Geist der Gnostiker verdanken. Spielt hier doch in der Tat von vornherein ein Element des Exegetischen hinein, und die Äonen sind nicht selten zugleich Attribute Gottes, die mit den höchsten Wertideen identifiziert werden. Bibelexegese spielte dabei eine nicht geringe Rolle. Aus dem Namenlosen, der unendlichen Tiefe, die auch hier, ganz unpersönlich gedacht, am Anfang steht, sind Mächte oder Kräfte hervorgegangen, deren Gesamtheit etwas wie die verselbständigten Attribute Gottes enthielt. Im Sinne der Gnostiker war das freilich sehr oft und auch zentral mit einer durchaus destruktiven und antinomistischen Bibelexegese verbunden. Es ist aber gerade dieses Moment, so bedeutsam es für das ursprüngliche Phänomen der Gnosis sein mag, das im Fortleben oder in den Neubildungen gnostischen Denkens, gnostischer Theosophie und gnostischer Exegese wegfällt. Die Äonenspekulation der

Gnostiker hat in jenen Bereichen des Islams und des Judentums, von denen ich sprach, sich sehr nachdrücklich und wirksam behauptet. Es ist geistesgeschichtlich für den Charakter dieser Theosophien entscheidend, daß sich dabei der Neuplatonismus und die Gnosis verbinden.

Man darf von der Kabbala, wie wir sie als geschichtliches Phänomen in ihrer Ausbildung im 13. Jahrhundert, die in der Provence und in Spanien vor sich ging, verfolgen können, gerade dies sagen: in ihr trifft eine ursprünglich jüdisch-gnostische Tradition, die ganz und gar ins Religiöse versponnen ist und in der echte philosophische Erwägungen keine Rolle spielen, auf den Neuplatonismus, wird von ihm durchdrungen, setzt sich gegen ihn zur Wehr und ist jedenfalls ohne lebhafte Auseinandersetzung zwischen diesen zwei Traditionen nicht zu denken. Gnostische Traditionen lebten im Abendland damals nicht mehr. Sie müssen, soweit man nicht von einer selbständigen Wiederauferstehung gnostischer Gedankengänge sprechen darf, aus dem Orient gekommen sein. Und in der Tat zeigt die Analyse des ältesten kabbalistischen Textes, den wir besitzen, des *Buches Bahir*, daß wesentliche Stücke davon aus dem Vorderen Orient gekommen sein müssen. Das *Buch Bahir* ist ein Text rabbinischer Gnosis, wie ich in der ihm gewidmeten ausführlichen Analyse in meinem Buch *Ursprung und Anfänge der Kabbala* nachgewiesen habe. Neuplatonische Theologumena spielen keinerlei Rolle in ihm. Es steckt voll von Aussagen über die zehn Sefiroth, die als die Kräfte Gottes und seine Logoi, Schöpfungsworte, beschrieben werden, aber doch nichts anderes sind als ein Bezirk der Äonen in einem göttlichen Pleroma. Aussagen über den Herrn dieser Worte und Kräfte, also über den Gott, von dem diese Äonen ausgehen, finden sich überhaupt nicht, ebensowenig wie Aussagen darüber, in welchem Verhältnis diese Sefiroth zu ihrem Ursprung in Gott standen. Die theosophische Exegese, die in den Worten der Bibel Aussagen über diese Kräfte findet, beansprucht das lebendige Interesse des Buches; theoretische Erörterungen gerade über die Gottheit selber haben für den Autor kein Interesse. Es ist sozusagen ein Bruchstück aus der gnostischen Hierarchie der Dinge, das uns hier vorliegt. Gerade der Anfang, den die Gnostiker in so eindrucksvollen Bildern beschreiben, der verborgene Abgrund, wird schweigend übergangen. Weder gnostische noch neuplatonische Bestimmungen werden von ihm gegeben. Doch steht hinter all dem eher eine durchaus persönliche Gottesauffassung als deren Gegenteil. Die Äonen sind nicht selber Gott, sie bilden nur einen Bereich, in dem sich seine Macht manifestiert. Wir können nicht einmal sagen, ob sie seine Emanationen sind oder nicht. Der torsohafte Text konnte allen möglichen spekulativen Ausdeutungen als Beweisgrund dienen. Eine kabbalistische Theologie in irgendeinem präzisen Sinne enthält er nicht.

In der Provence und in Katalonien stieß diese Gnosis mit dem mittelalterlichen Neuplatonismus zusammen. Wir besitzen zahlreiche Dokumente dieses Zusammenstoßes, in denen neben die Sprache der Gnosis ganz eindeutig jene andere tritt. Die Begegnung war eine produktive und die Geister offenkundig aufregende. In immer neuen Versuchen, einen offenbar als neu empfundenen Bezirk zu durchmessen und, ohne den Boden des Judentums preiszugeben, zu beschreiben, liegen uns die Niederschläge dieser Begegnung vor. Deren Nuancierung ist oft sehr verschieden, und zum Teil hängt das wohl damit zusammen, daß die neuplatonische Tradition selber den Kabbalisten in ganz verschiedenen Formen entgegentreten konnte. Ihr Gesicht sah in der arabischen Überlieferung, die in sich selber sehr mannigfaltig ist und viel vom ursprünglichen Plotin bewahrt hat, sehr viel anders aus als in der christlichen, die am stärksten von Proklos geprägt ist, ihre christlich-theologische Form in den Schriften des Pseudo-Dionysius Areopagita erhalten hat und am Anfang des 13. Jahrhunderts durch das große Werk *De divisione naturae* des Johannes Scotus Erigena dem Abendland zugänglich war, bevor dieses Haupt- und Grundbuch 1225 vom Papst Honorius III. verdammt wurde.

Soweit die jüdische Philosophie des Mittelalters bis zu dieser Zeit mit dem Neuplatonismus bekannt geworden ist, ging das über den arabischen Sektor dieser Überlieferung, dessen Einfluß vor allem im 11. Jahrhundert sehr stark war. Dabei liegen die Verhältnisse manchmal paradox genug. Das wichtigste Werk des jüdischen Neuplatonismus ist die *Lebensquelle* des Salomo ibn Gabirol aus Malaga, der arabisch schrieb. In der lateinischen Übersetzung hat sein Buch als *Fons Vitae* eine sehr ehrenvolle und merkwürdige Karriere gerade in der christlichen Scholastik gemacht, wo das Judentum des Autors in Vergessenheit geriet und er als ein arabischer Philosoph Avicebron betrachtet wurde. Ins Hebräische dagegen wurde das Buch nicht übersetzt, und es ist eine noch immer offene Frage, wie weit es Spuren in der kabbalistischen Literatur hinterlassen hat[5]. Die ersten Kabbalisten im Abendland lasen, soweit wir urteilen können, kaum Arabisch und konnten höchstens indirekt mit den Ideen Gabirols bekannt geworden sein. Umgekehrt ist es nicht ausgeschlossen, daß gerade das christlich-neuplatonische Werk des Erigena einigen der ältesten Kabbalisten direkt oder indirekt bekannt geworden ist. Es war keine Seltenheit, bei jüdischen Gelehrten der Provence oder Kataloniens, besonders bei den zahlreichen Ärzten unter ihnen, Beherrschung des Lateinischen anzutreffen. Die Berührungen gerade der ältesten Kabbalisten mit der lateinischen Terminologie des Erigena sind sehr auffällig, und ich halte eine genaue Untersuchung dieses Verhältnisses für eine wichtige Aufgabe der Kabbala-Forschung[6]. Weitreichende Überraschungen sind hier noch möglich. Zugleich ist aber im Auge zu halten, daß den Kabbalisten auch in hebräischen Paraphrasen oder Übersetzungen neuplatonische Traktate vorgelegen haben dürften, die wir nicht mehr besitzen, so daß

---

[5] Ich habe darüber in einem hebräischen Aufsatz, *Die Spuren Gabirols in der Kabbala*, gehandelt, in: *Me'assef sofre erez israel*, Tel Aviv 1940, S. 160–178. Von manchen der dort behandelten, Gabirol und den Kabbalisten gemeinsamen Vorstellungen ist aber inzwischen erwiesen worden, daß sie aus einer gemeinsamen Quelle stammen, nämlich aus Schriften des Isaak Israeli; vgl. A. Altmann and S. M. Stern, *Isaac Israeli, A Neoplatonic Philosopher of the Early Tenth Century*, Oxford 1958. Der von mir zuerst vermutete Zusammenhang mit Israeli ist in diesem Buch schlüssig erwiesen.

[6] In einem frühen kabbalistischen Text aus der Provence, dem *Sefer ha-'ijjun* (vgl. *Ursprung und Anfänge der Kabbala*, S. 276–281), wird im Namen des babylonischen Schulhaupts Haj Gaon ein (pseudepigraphischer) Satz angeführt, wonach die Hyle nach der Emanation der »verborgenen Stufen«, das heißt der Sefiroth, entstanden sei. Dies Schema, wonach die Hyle und die Welt der vier Elemente ihren Ort unter den Sefiroth hat, entspricht der Lehre des Scotus Erigena, wo die Hyle und die noch unkörperlich gedachten vier Elemente als unmittelbare Wirkungen der den

hier sehr verschiedene Linien sich kreuzen und verwickeln. Gerade die Punkte, von denen ich hier vor allem sprechen will, zeigen deutlich, daß nicht eine einzige dieser Überlieferungslinien allein bestimmend war.

Wie stellte sich bei diesem Aufeinandertreffen der Gnosis und des Neuplatonismus nun für die Kabbalisten jene Problematik dar, die ich oben im Widerstreit des biblischen und plotinischen Gottes umrissen habe? Im Prinzip läßt sich die Antwort unschwer formulieren. In zwei Hinsichten kann von Gott gesprochen werden, nämlich sofern er an sich und insofern er in seinen Manifestationen oder seiner Offenbarung betrachtet wird. Von diesem zweiten Aspekt ließ sich sinnvoll sagen, daß er mit dem Bereich der biblischen Aussagen zusammenfällt, wo Gott ja stets nur in seiner Beziehung zur Schöpfung und zum Geschöpf erscheint. Zugleich ließ sich dieser Bereich auch als der der theosophischen und gnostischen Anschauung vom göttlichen Leben auffassen, dessen einzelne Momente abstrakt als Attribute, theosophisch aber ebensogut als die Äonen, Kräfte oder Lichtwelten aufgefaßt werden konnten, in denen die Fülle der Gottheit, wie sie nach außen tritt, sich darstellt. Der erste Aspekt aber, Gott an sich und für sich, bot sich gleichsam natürlich als der Bezirk an, von dem die neuplatonische negative Theologie des bestimmungslosen Absoluten gilt. Da hier von Gott nicht in seiner Offenbarung und Mitteilung gesprochen wird, brauchte es nicht als rätselhaft zu erscheinen, daß in den Urkunden der Offenbarung von diesem verborgenen Gott nicht die Rede ist. Der Überschwang der neuplatonischen Negationen konnte solcherart zwanglos sich mit der positiven Theologie oder Gottesvor-

kabbalistischen Sefiroth entsprechenden Welt der Urgründe oder *causae primordiales* auftreten. Direkt hinter der Berufung auf Pseudo-Haj lesen wir hier den überraschenden Satz, der sich wie eine Paraphrase des Titels und des metaphysischen Inhalts von Erigenas Werk ausnimmt: »Und so haben [über den Ort der Hyle] die starken Weisen der Natur geschrieben, die Philosophen, die in der Metaphysik (ḥokhmath ha-meḥqar) bewandert sind.« Nicht die Naturforscher, sondern die Metaphysiker haben über die Hyle Forschungen angestellt. Die Weisen der Natur sind, möchte ich vermuten, die, welche, wie Erigena, über die Natur geschrieben haben, wobei Natur das Wirkliche überhaupt und dessen Hierarchie bedeutet. Nur so erklärt sich diese Gleichstellung der Weisen der Natur mit den Metaphysikern auf zwanglose Weise.

stellung der biblischen Offenbarung verbinden, die eine die belichtete, die andere sozusagen die unbelichtete Seite der Gottheit betreffend. Schwierig blieb dabei doch eines, nämlich der Übergang vom einen zum anderen. In der Diskussion dieses Übergangs mußte ja etwas darüber ausgesagt werden, welches die bestimmenden und obersten Momente Gottes sind, welche spezifische Tönung der Gottesbegriff bei den Kabbalisten annimmt. Es sind diese Fragen, die uns im weiteren Verfolg dieser Untersuchung beschäftigen werden.

2

Aber kehren wir noch einmal zu der Auseinandersetzung zwischen dem plotinischen und dem biblischen Gott im Geist der Kabbalisten zurück. Ich sagte, daß diese Auseinandersetzung oder vielmehr ihre Synthese unpolemisch erfolgen konnte. Die positiven Aussagen der Bibel über Gott, ja auch seine Namen gehören schon einer Sphäre an, in der er sich mitteilt. Kein Wunder, daß der Name Gottes *par excellence*, das Tetragrammaton, von den Kabbalisten stets als ein höchstes Symbol der göttlichen Offenbarung, das heißt dessen an Gott, was von ihm sich uns mitteilt, aufgefaßt wurde. Er wird entweder als die zentrale Energie in der Welt der Sefiroth gedeutet oder als eine diesen ganzen Bereich der Sefiroth in sich schließende, umfassende Signatur, die das göttliche Wirken, sein sefirothisches Sein prägt. Gott jenseits dieses sefirothischen Seins hat keinen Namen. *Durch diese Namenlosigkeit wird er eben für die neuplatonischen Gottesprädikationen frei.* Am deutlichsten tritt das am Anfang der Kabbala in den Schriften des Asriel aus Gerona hervor, der die Ablösung dieses Bezirkes von dem in biblischen Symbolen umschreibbaren am weitesten getrieben hat. Ebenso unverkennbar beherrscht diese ganz in der Art des Pseudo-Dionysius ins Feierliche und Sakrale erhobene Sprache des mystischen Agnostizismus auch die Rede des Sohar, wo er, selten genug, auf diesen Bezirk zu sprechen kommt. Die Namen des *deus absconditus* sind Kunstworte der spekulativen Sprache, und so sehr auch diese Kabbalisten bemüht bleiben, die Persönlichkeit Gottes als Träger der Sefiroth festzuhalten, bricht in diesen Bestimmungen doch unverkennbar jenes unpersönliche Element auf, welches das Eine bei Plotin bezeichnet.

Im Hebräischen gibt es keinen Unterschied zwischen dem Masculinum und Neutrum, und wenn vom Einen die Rede ist, so kann damit ebensowohl *der* Eine wie *das* Eine gemeint sein, und dasselbe gilt von ähnlichen Bestimmungen. Aber auch so bleibt die Neigung zum Neutralen bei den Redeweisen, die hier für das höchste Wesen gewählt werden, unverkennbar. Es ist »das Verborgene«, »das sich verbergende Licht«, »das Mysterium der Verborgenheit«, *sether ha-ta-ʿalʿuma*, »die ungeschiedene Einheit«, das Wesen schlechthin«, »die Wurzel aller Wurzeln«. Vor allem tritt aber in diesem Kreise die allmählich alle anderen Bezeichnungen verdrängende Neubildung *En-sof* auf, über deren Sinn wir uns hier verständigen müssen. *En-sof* heißt wörtlich »Kein Ende – endlos«, tritt aber, bevor es als Kunstwort bei den Kabbalisten in allgemeinen Gebrauch kam, niemals als selbständiges Adjektiv auf, das etwa einem Substantiv beigelegt werden könnte. Man kann es nur in Verbindungen gebrauchen, in denen es adverbial erscheint. Man konnte sagen: »Sich vervielfältigen bis ins Endlose hin«, *ʾad le-ʾen-sof*, eine Größe »bis ins Endlose hin«, ganz wörtlich »bis zur Verneinung des Endes«. Eine adjektivische Verbindung wie »unendliche Größe« wäre sprachlich nicht möglich gewesen. Erst als aus solchen adverbialen Bestimmungen wie »bis ins Endlose hin« und dergleichen dies Endlose als ein Substantiv gleichsam herausgehoben und als ein Kunstwort oder ein Name für das Namenlose verselbständigt wurde, bildete man davon später auch ein Adjektiv *en-sofi*. Kein Kabbalist des 13. Jahrhunderts benutzt solche adjektivische Bildung. Hier ist *En-sof* noch unvermittelt als ein Neologismus herausgehoben, der gerade durch seine Ungewöhnlichkeit ihrem Sprachgefühl, das Ausdruck für das Namenlose und Transzendente, für das Fremde und Abgeschiedene suchte, sich empfahl. Man kann also nicht sagen, *En-sof* sei *der* Unendliche oder *das* Unendliche; eine Entscheidung darüber wäre aus dem Sprachgebrauch der älteren Kabbalisten schwer zu treffen, eher träfe die Umschreibung als »Endlosigkeit« oder »Unendlichkeit«

die ursprüngliche Intention. Nie führt es in den alten Texten den Artikel, was ebensosehr darauf zurückgeht, daß es sich hier eigentlich um ein verselbständigtes Adverbium handelt, wie daß es gleichsam als Eigenname gebraucht wird, der im Hebräischen keinen Artikel verträgt.

Wie stark das numinose Element in solcher Terminologie mitschwingt, wie sehr sie einen esoterischen Beigeschmack hatte, den wir kaum mehr empfinden können, zeigt sich darin, daß in den Schriften der provenzalischen Kabbalisten, soweit sie uns erhalten sind, dieser Namenscharakter der Wortverbindung *En-sof* noch völlig zurücktritt oder bewußt verschwiegen wurde. Nach Möglichkeit wird der Ausdruck in den alten adverbialen Zusammenhängen gebraucht, obwohl sich zeigen läßt, daß damit mehr gemeint ist als ein allgemeiner Hinweis auf einen *Vorgang* etwa, der kein Ende hätte, sondern ein *Bezirk*, der als solcher in seiner Unendlichkeit herausgehoben werden soll. So spricht Isaak der Blinde, so sprechen auch die anonymen oder pseudonymen Autoren der vielen kleinen Traktate aus derselben Zeit und Gegend, in denen der Einbruch des neuplatonischen Elements und der neuplatonischen Sprache besonders deutlich studiert werden kann. In einem solchen Traktat, dem *Buch von der wahren Einheit*, lesen wir zum Beispiel: »Alle geistigen Potenzen, die aus der Ur-Weisheit sich enthüllen und aufleuchten und erklingen, laufen und vereinigen sich in *En-sof*, und dies ist der Ort der Einheit, von dem sie [nämlich die Neuplatoniker] gesagt haben: Alles stammt aus dem Einen [...] und alles kehrt zum Einen zurück«.[7] *En-sof* ist in solche und ähnliche Sätze, ich möchte fast sagen, eingeschmuggelt worden, statt mit Nachdruck, wie wir nach dem späteren Sprachgebrauch der Kabbalisten erwarten würden, herausgehoben zu werden. Die »Kraft, die sich bis zum Unendlichen hin verbirgt und die das Grundprinzip des Seins und der Existenz ist«, wie es in demselben Text heißt, ist nicht einmal vom überlieferten Namen Gottes

---

7 Ich zitiere nach einer Handschrift in Florenz, *Laurentiana plut. II*, cod. 18. Der Satz: Alles stammt aus dem Einen und kehrt zum Einen zurück, der im Mittelalter sehr verbreitet ist, wird als *locus communis* der Neuplatoniker gleich am Anfang von Damaskios' Buch über die ersten Prinzipien angeführt.

geschieden. Die Kraft, die sich verbirgt, könnte selber die des Namens sein. Daß sie sich »ins Unendliche hin« verbirgt, ist in dem doppeldeutigen Ausdruck gerade noch eine Andeutung auf eine Unendlichkeit, aus der sie selber entspringt. Das Stammeln, das in dieser Rede von *En-sof* vernehmbar wird, kann ich nicht für zufällig halten. Es steckt mehr darin als Unfähigkeit sich auszudrücken.

Dem entspricht auch, daß ein in seinem Bewußtsein so theistischer Theosoph wie Nachmanides aus Gerona in seinen Schriften völlig ohne *En-sof* auskommt. An der einen Stelle, wo er von dem spricht, was über allen Emanationen und Sefiroth steht, spricht er aber nichtsdestoweniger in ganz unpersönlicher Weise von dem »verborgenen Etwas, das am Anfang der Krone [das heißt der ersten Sefira]« und über ihr steht[8]. Ein verborgenes Etwas – fürwahr eine sonderbare Bezeichnung für den letzten Grund der Gottheit im Munde eines jüdischen Theosophen, der sonst nicht müde wird, von Gott in den persönlichen Bildern der biblischen Glaubenswelt zu sprechen! Unpersönlicher konnte man vom *deus absconditus* wohl nicht sprechen. Aber Nachmanides hält sich in der Tat von neuplatonischer Sprache fern, während sein älterer Landsmann Asriel in ihr schwelgt. Er ist es, der recht eigentlich diese negative Gottesprädikation als kabbalistischen Namen Gottes eingeführt und der numinosen Aura entkleidet hat. In seinem Katechismus über die zehn Sefiroth steht er, in persönliche Bilder wie das vom Kapitän, der das Schiff lenkt, eingebettet, durchaus als der Gott der konventionellen philosophischen Theologie da. *En-sof* ist der Gott, den wir alle in der Theologie meinen. Er wirkt durch seine Sefiroth, die er als Vermittlungen zur Schöpfung hin entlassen hat, aber er ist selbst die in ihnen wohnende Gottheit. In seinen tiefer ins Spekulative hineingehenden anderen Schriften wird aber eine viel stärkere plotinische Note vernehmbar, und die negativen und paradoxen Bestimmungen des Verborgenen, der unterschiedslosen Einheit, die die Identität der Gegensätze enthält, daher auch vom Denken unerfaßbar ist, beherrschen seine Traktate. Ich kenne kaum einen Text der kabbalistischen Literatur, der mit

[8] Vgl. den echten Kommentar des Nachmanides über das *Buch Jezira*, *Kirjath Sefer* VI (1930), S. 406.

größerer Betonung und Entschiedenheit sich die neuplatonische Anschauung zu eigen macht als seine Abhandlung über die wahren und irrigen Thesen über Gott⁹. Dieser und andere Texte Asriels waren Johannes Reuchlin, der zuerst eine genauere Darstellung der kabbalistischen Lehren in der christlichen Welt unternommen hat, bekannt, wenn er auch über die Autorschaft Asriels nicht bei allen Klarheit hatte. Reuchlin, selber ein großer Verehrer des Nikolaus von Cusa und seiner Lehre von der *coincidentia oppositorum* in Gott, spürte die Verwandtschaft des spanischen Kabbalisten mit dem deutschen Kardinal. Auf Asriels Schriften fußend, führte er den kabbalistischen Gottesbegriff mit folgenden durchaus treffenden Worten ein: »Er wird nämlich *En-sof* genannt, das heißt Unendlichkeit, welches ein gewisses höchstes Etwas darstellt, welches von seiten seiner selbst unbegreiflich und unaussprechlich ist, etwas, was sich in den entferntesten Fluchtpunkt seiner Gottheit und in den unzugänglichen Abgrund der Quelle des Lichtes zurückzieht und verhüllt, gleichsam die absoluteste Gottheit, die in ihrer in jeder Beziehung völligen Abgeschlossenheit in Ruhe verweilt, nackt, ohne Gewand und ohne irgendeinen Mantel von Dingen, die um sie herumstehen, weder in bezug auf sich selber verschwenderisch noch in bezug auf die Güte ihres Glanzes weithin spendend, unterschiedslos seiend und nicht seiend, und alles, was unserer Vernunft als untereinander unvereinbar und sich ausschließend erscheint, als eine abgesonderte Einheit auf die einfachste Weise in sich enthaltend.«¹⁰

Gottes Sein übersteigt alles, ist von allem losgelöst, und doch begreift es alles in sich ein. Das Eine als die Identität der Gegensätze zieht in der Tat Asriel als das hervorstechendste Element in *En-sof* an. Das sind gerade Bestimmungen, die die vorkabbalistischen jüdischen Neuplatoniker zu vermeiden gesucht haben, während sie in islamischen und christlichen Schriften oft genug auftreten. Daß Gott die Gegensätze wirkt, war gute biblische Theologie; daß sie in ihm selber zu-

---

9 *Derekh ha-'emuna we-derekh ha-kefira,* von mir ediert in: *Studies in Memory of Asher Gulak and Samuel Klein,* Jerusalem 1942, S. 207-213.
10 Johannes Reuchlin, *De Arte Cabalistica,* am Ende des ersten Buches. Vgl. auch *Ursprung und Anfänge der Kabbala,* S. 389.

sammenfallen, war ein großer Schritt darüber hinaus, zu dem nicht wenig Kühnheit gehörte.
Asriel hat einen Kommentar zum *Buche Jezira* verfaßt, dem vorkabbalistischen Text, in dem zwischen dem 2. und 5. Jahrhundert ein hebräisch schreibender Neupythagoräer seine Auffassung von den Elementen der Welt dargelegt hat. Aus diesem Buch stammt der Begriff der zehn Sefiroth, noch nicht als Emanationen oder Hypostasen, sondern als die zehn Urzahlen. Sie heißen in diesem Büchelchen *sefiroth belima*. Was das Wort *belima* in diesem Zusammenhang bedeutet, ist umstritten. In der Bibel kommt es nur in *Hiob* 26:7 einmal vor, wo es soviel wie Nichts heißt: »Der die Erde über dem Nichts aufhängt«; *belima* ist dabei eine Zusammensetzung aus *beli* und *ma,* »ohne etwas«. Für Asriel ist *belima* ein Synonym von *En-sof* und wird von ihm genau als »das, was kein Was hat« verstanden, das heißt also als das Bestimmungslose schlechthin. Die Sefiroth sind die Bestimmungen des Bestimmungslosen, die Abgrenzungen, in denen sich das Grenzenlose und Unergründliche schöpferisch äußert. Obwohl als Person, als Lenker des Weltenschiffes eingeführt, wird es doch im Verfolg seiner Auseinandersetzung nicht in persönlicher, sondern gerade unpersönlicher Weise umschrieben. »Das, was unbegrenzt ist, heißt *En-sof*« – nicht etwa *der,* der unbegrenzt ist, was doch näherliegen würde, und in dieser Weise auch in ähnlichen Sätzen. Es ist evident, daß der Kabbalist die persönliche Bestimmung des Schöpfers mit der unpersönlichen des plotinischen Einen zu verbinden strebt. Wo es aber um die genauere Bestimmung dieses Schöpferischen geht, finden wir uns auf seine Sefiroth verwiesen. Denn *En-sof* selber steht über allen Bestimmungen, die aus unserm Denken genommen sind. »Man kann von ihm weder sagen, daß es Willen hat noch Intention noch Denken noch Sprache noch Aktivität«. Da aber nichts als wirklich außerhalb von ihm stehend gedacht werden kann, enthält letzten Endes auch alles irgendeinen Hinweis auf diesen letzten Grund. Dieser Hinweis zeigt aber nur eine Richtung an, macht das Unendliche selber nicht zum Gegenstand der Meditation oder sprachlicher Mitteilung.
Auch im *Sohar,* dem etwa fünfzig Jahre nach Asriel verfaß-

ten Hauptwerk der spanischen Kabbala, setzt sich dieses Ringen zwischen dem Persönlichen und Unpersönlichen im höchsten Stand der Gottheit fort, wovon wir im folgenden noch besonders eindringliche Anschauung gewinnen werden, wenn wir uns der Frage des Willens und Denkens in Gott zuwenden. Die Tendenz, *En-sof* darüber hinaus zu heben, kommt aber auch hier zu deutlichem Ausdruck. Der Hauptteil des *Sohar* ist überaus karg und enthält nur ganz wenige Stellen, an denen über *En-sof* gesprochen wird. In wichtigen und grundlegenden Stücken ist *En-sof* völlig verschwunden und wird durch ein viel persönlicheres Bild ersetzt, das in Wirklichkeit nicht mehr mit *En-sof* identisch ist, nämlich das Bild vom »heiligen Alten«. Aber die Intention auf einen neutralen oder unpersönlichen Grund des *deus absconditus* hat sich hier, wenn auch selten genug, erhalten. Charakteristisch für das Auf und Ab im Geist des Autors ist die Stelle (II, 239a), wo Rabbi Eleasar seinen Vater, Rabbi Simon ben Jochai, die Zentralfigur dieses mystischen Romans, fragt: Das Band, durch das alles verbunden ist, bis wohin steigt es auf? Rabbi Simon antwortet ihm: »Bis zum *En-sof,* denn die Verbindung von allem, die Einheit und Vollkommenheit muß in jener Verborgenheit gesucht werden, oder vielmehr verborgen werden, die unerfaßbar und unerkennbar, die der Wille über allem Willen ist. In *En-sof* findet kein Erkennen und keine Begrenzung von Anfang und Ende statt, wie etwa im Ur-Nichts, das erst Anfang und Ende hervorbringt. Was ist Anfang? Das ist der Urpunkt am Anfang von allem, der im Denken verborgen ist [...]. Dort in *En-sof* aber gibt es keine Willensakte, keine Lichter und keine Leuchter. Alle jenen Lichter und Leuchter nämlich sind in ihrer Seinsweise ergreifbar und doch nicht ergreifbar. Was aber ›erfaßbar und doch unerfaßbar‹ in einem ist, ist [noch nicht *En-sof*, sondern] der höchste Wille, der auch das Allerverborgenste oder das Nichts heißt.« *En-sof* ist also etwas, das über dem Nichts der Mystiker und über dem Willen der Theologie in der Attributenlehre steht. Für den Autor des *Sohar* gibt es ein offenbar im übertragenen Sinne gebrauchtes *En-sof*, von dem er eine positive Bestimmung zu geben vermag, nämlich das Ineinanderstrahlen der Lichter des göttlichen Denkens. Darüber hinaus gibt es aber ein höchstes Unendliches, aus dem das Denken selber ausstrahlt, ohne daß es doch diesen seinen Ursprung zu erkennen vermag. Dies höchste Licht wird *En-sof* genannt. Die Bilder und Bestimmungen zerbrechen dem Autor unter der Hand. Er erlaubt sich an der einen Stelle Bilder, die er an der anderen Stelle doch verbietet; alles muß ihm zum Symbol dienen und muß doch als Symbol negiert und überstiegen werden. Hier und da scheint es geradezu, als ob ihm auch der kabbalistische Terminus *En-sof* schon zu abgebraucht, trotz aller Negativität zu leicht ins Positive transformierbar vorkommt, so daß er auf alle Terminologie verzichtet und (wie III, 288 b) ohne jeden Versuch der Benennung von »jenem Höchsten, Unerkennbaren« spricht, das über dem Anfang aller Anfänge, das heißt der ersten Sefira, steht. Der Wunsch, den letzten Grund des Göttlichen ins völlig Namenlose immer weiter und tiefer hinauszuschieben, weil sogar die mystischen Kunstworte allzu leicht abgegriffen werden, spielt hier mit. Je mehr der Theosoph in Symbolen des Göttlichen schwelgt, desto mehr sucht der Neuplatoniker in ihm, wie immer stammelnd, den Blick auf einen Bereich offenzuhalten, der sich allen Symbolen versagt und gerade noch in der Häufung der Widersprüche intendiert wird.

3

Ich habe vorhin bemerkt, daß bei einer Auffassung von Gott, die ihn in die völlige Transzendenz über alle Bestimmungen hinaushob und keine Aussagen über sein Wesen erlaubte, viel darauf ankam, wie die ersten Schritte, der Übergang vom verborgenen Gott zum Schöpfer-Gott, gedacht wurden. Nachher entfaltet sich die wirkende Natur Gottes in dem Reichtum der positiven Bestimmungen, die die Bibel oder der Koran von ihm geben, und es kam im Grunde nicht so sehr darauf an, in welchem Verhältnis diese Attribute zueinander standen, die bei den Theologen gern »Attribute der Wirkung« heißen, die allein Gott, im Unterschied zu Attributen des Wesens, beigelegt werden durften, wenn nur einmal feststand, welches die entscheidenden Momente dieser Wirkung seien. Davon hängt die besondere Art der Gottesauffassung, die der einzelne Theologe konzipierte, ab. Für die Geschichte der spekulativen Philosophie und der Mystik gleichermaßen ist es hier vor allem der Widerstreit zwischen zwei Bestimmungen, der höchst aufschlußreich ist und auch bei den uns hier beschäftigenden Auseinandersetzungen zwischen dem biblischen und dem neuplatonischen Gottesbegriff eine zentrale Rolle gespielt hat. Ich meine das Denken und den Willen Gottes.

Man kann nicht sagen, daß in der biblischen Literatur dies Denken Gottes von vornherein in besonderer Weise von den übrigen Bestimmungen der Gottheit abgehoben wird. Nur in einer bestimmten, späteren Schicht ist viel die Rede von einer mit dem Denken doch wohl zusammenhängenden Prädikation, nämlich der Weisheit. Die Weisheit, ursprünglich die Lebensklugheit und das ausgewogene Verständnis für die Bewältigung der vielfältigen im Leben auftretenden Komplikationen, wurde schon früh hypostasiert und als eine Art Himmelstochter idealisiert und dann vom Menschlichen auf die Weisheit Gottes übertragen. In ihr steckt offenbar der Weltplan, der in seiner für uns undurchschaubaren und unbegreiflichen Harmonie die Widersprüche, von denen die Welt unserer Erfahrungen überquillt, ausgleicht oder in sich faßt. Im Buch *Hiob* und den *Proverbien* wird diese himmlische Sophia in geradezu hymnischen Auslassungen apostrophiert. Freilich ist sie deutlich von Gott geschieden und nichts als das erste seiner Werke, das am Anfang seines Weges zur Schöpfung steht; aber sie ist zugleich mit einer Aura des Mysteriums umgeben. Vor den Augen alles Lebendigen ist sie verborgen, der Abgrund und der Tod sprechen: Wir haben nur ein Gerücht von ihr gehört. Gott allein weiß, wie es um sie steht, und kennt ihren Ort. Ohne daß gesagt würde, wie diese Weisheit aufzufassen sei, in der eine überlegene und geordnete Planung Gottes steckt, aber auch der höchste Wert, zu dem menschliches Trachten vordringen kann, steckt doch in ihr ein intellektuelles Element. Sie ist nicht ohne weiteres als der Gedanke oder das Denken Gottes bezeichnet; dazu wird sie erst viel später, und Gottes Wissen, das sie umfaßt, steht offenbar über ihr. So war es leicht, als das spekulative Denken im Judentum einsetzte, sie mit der höchsten Weltvernunft, dem Logos, der alle Dinge durchdringt und ordnet, in eins zu setzen. Mit dem höchsten göttlichen Gedanken, der obersten Idee, war sie immer noch nicht identisch. Dazu ist sie zu sehr auf die Ordnung des Vielfältigen, die Abgrenzung und Beherrschung des Kreatürlichen gerichtet.

Ganz anders steht es mit dem Denken Gottes da, wo es die mittelalterliche Theologie am stärksten herausgefordert und angeregt hat, nämlich im Gottesbegriff des Aristoteles. Der Gott des Aristoteles ist kein Schöpfer; das für die monotheistischen Religionen entscheidende Moment fehlt ihm. Er ist der ewig unbewegte Beweger eines Kosmos, dessen höchste Entelecheia er zwar darstellt, den er aber nicht hervorbringt. Er denkt nicht etwa die Schöpfung, er denkt nicht die Welt; das Höchste, was Aristoteles über ihn auszusagen vermag, ist, daß er sich selber denkt. Es war dieses »Denken des Denkens«, diese Potenzierung des Denkens in sich selber, die eine so große Rolle in der Religionsgeschichte, so weit sie sich mit Aristoteles auseinandersetzte, gespielt hat. Eine ganz intellektuelle Bestimmung Gottes wurde den Theologen hier als kostbare Erbschaft vermacht. Konnte sie den Gott, der sich selber denkt und dessen Denken keinerlei anderen Gegenstand als eben sein eigenes Denken hat, als einen Gott auffassen, der, indem er sich selber denkt, die Welt hervorbringt? Das war die Aufgabe, der so viele der besten Geister unter den Theologen des Monotheismus sich gewidmet haben. Es ist nicht an uns, die Geschichte und Problematik dieser Versuche zu analysieren. Sie haben in weiten Gebieten einen Gottesbegriff zur Herrschaft gebracht, der seine entscheidende Färbung vom Intellektualistischen her erhielt, und im Bereich des Judentums nirgends nachdrücklicher als bei Moses Maimonides, dem bedeutendsten Lehrer des mittelalterlichen Judentums. Gottes Denken ist hier ganz und gar mit seinem Wesen eins; wenn wir von Gott sagen, daß er, und nur er, sich selbst erkenne und wisse, so haben wir ihm damit keine Bestimmung beigelegt, die ihn für unser Erkennen etwa zugänglicher machte. Denn für unser Denken bleibt er nach wie vor auch auf der höchsten Stufe undurchdringlich und unbestimmbar.

Dieser Gott des Aristoteles war dem Plotin nicht genug. Er hat den ausführlichen Beweis dafür angetreten, das im Sich-selber-Denken schon ein Element der Zweiheit vorhanden sei und es daher dem Absoluten, Einen abgesprochen werden müsse. Sich selber denken ist schon ein Hervortreten, in dem das Eine sich gegenübertritt, zum Objekt wird, und in dieser Beziehung zu sich selbst konstituiert sich für ihn der reine Intellekt, die erste Emanation, in der das Eine eine, und zwar intellektuelle, Bestimmung annimmt. Bemerkenswerterweise sieht Plotin aber keine solche erste Entzweiung darin, daß das Eine sich selber *will*. »Sein Wille und er selber sind Einheit, und er ist durch diesen Umstand um nichts weniger Eins, denn er ist nicht selber etwas Beliebiges, das verschieden wäre von dem, was er wohl sein möchte. [...] Denn die Wesenheit des Guten ist wahrhaft Wille zu sich selbst.« Das absolut Gute kann sich also selber wollen, aus dem Wesen seiner unendlichen Fülle heraus; es kann sich aber nicht selber denken, ohne damit aus sich selber heraus und in einen anderen Bereich des schon Entzweiten überzutreten. Diese Bejahung des Einen, das nichts anderes ist als unendlicher Wille, der nichts will als sich selber, stellt ein wichtiges Band dar, das den Gott Plotins mit dem der monotheistischen Religionen verbinden konnte. Freilich, philosophisch gesehen wurde diese Verbindung durch eine Verschiebung im Begriff des Willens erkauft. Denn der Gott der *Religion* ist nicht dadurch ausgezeichnet, daß er *sich selber* will, sondern daß er die *Schöpfung* will. Der ganz unbewußte Wille Plotins richtet sich nicht darauf, hervorzutreten. Aber wir haben hier die Grundlagen für einen nie abreißenden Konflikt zwischen zwei möglichen Theologien. In der einen ist es der Denkakt Gottes, der am Anfang von allem steht, und dies Denken und Erkennen geht seinem Willen voran, der sich auf die Hervorbringung der Dinge richtet. In der anderen ist es der göttliche Wille, der eine höhere Stufe als das Erkennen einnimmt. Auch Erkenntnis und Selbstbewußtsein Gottes sind für diese in hervorragender Weise etwa durch Ghazzali vertretene Denkweise nicht ohne einen vorangehenden Willensakt vollziehbar. Für die philosophischen Theologen war es eine Frage der Rangordnung der entscheidenden Attribute Gottes, für die Theosophen und Gnostiker eine Frage der Hierarchie der göttlichen Emanationen und des Charakters des persönlichen Gottes, der aus der Verborgenheit, sei es als Wollender, sei es als Erkennender, hervortritt. Ein solcher Wille, der höher steht als alles Denken und alle Weisheit, hat etwas Schwankendes an sich. Denn da er dem Denken und Bewußtsein vorangeht, hat er etwas von einer unpersönlichen Kraft. Andrerseits aber ist der Wille ja eigentlich das, wodurch Gott am ehesten sich als Persönlichkeit in seiner Schöpfermacht darstellt, als ein freier, durch nichts gebundener höchster Akt der göttlichen Person. Kein Wunder, daß gerade im Islam, der auf die freie Schöpfermacht Gottes das größte Gewicht legte, der Wille als das hervorstechendste Attribut Gottes erscheint.

Ein so zwischen den Polen des Persönlichen und Unpersönlichen schwankender Wille bestimmt die Auffassung des Salomo ibn Gabirol, der unter allen mittelalterlichen Denkern am stärksten die Metaphysik des Willens in das Zentrum seines Systems gestellt hat. Dieser Wille ist bei ihm mit dem göttlichen Wort und der Weisheit identisch und erhält dadurch eine persönliche Note. Wir wissen jetzt, daß dem Gabirol in dieser Konzeption in der arabischen Literatur eine Fassung der neuplatonischen *Theologie des Aristoteles* vorangegangen ist und ihm als Quelle gedient hat, in der diese theistische Wendung des plotinischen Gottesbegriffes vorgenommen war. Man hat diese Stücke lange für einen christlichen Zusatz des lateinischen Übersetzers gehalten, bis der arabische Text entdeckt wurde. »Das Wort [so resümiert Vajda die Lehre dieser neugefundenen Fassung[11]] ist über alle Bewegung und Ruhe gleicherweise erhaben, zugleich aber ist es das aktive Prinzip und die unmittelbare Ursache aller Dinge. Es ist recht eigentlich der Schöpfer des aktiven Intellekts, des Erstgeschaffenen aller Dinge. Als aktives und schöpferisches Prinzip heißt das Wort auch Befehl und Wille. In der Hierarchie des Seins steht es zwischen dem Schöpfer und dem ersten Intellekt, vermischt sich aber unlöslich mit dem letzteren.« Der Wille ist also mit dem Worte oder Logos Gottes zusammengeflossen, aber nicht mehr mit dem Schöpfer selbst identisch oder etwa Element einer göttlichen Trinität.

Wenden wir uns nun den Kabbalisten zu, so läßt sich aus

---

[11] Georges Vajda in der *Revue des Etudes Juives* 98 (1934), S. 102. Vgl. auch hier unten S. 70.

deren ältesten Texten viel darüber lernen, wie diese Auseinandersetzung der zwei Gottesbegriffe, von denen wir ausgingen, Gestalt gewonnen hat. Das älteste Buch der Kabbalisten, das *Buch Bahir,* weiß überhaupt nichts vom Willen Gottes. Er kommt nirgends vor. Er ist kein Äon unter den Äonen oder Sefiroth, er ist aber auch keine Bestimmung des Herrn der Äonen, über den ja, wie oben ausgeführt wurde, hier überhaupt keine qualifizierenden Aussagen gemacht werden. Wohl aber erscheint eindeutig und mit starker Betonung das Denken, hebräisch *Maḥschaba,* als die höchste Sphäre. Das hebräische Wort kann ebensogut Denken, Gedanke oder Idee heißen. Diese höchste *Maḥschaba* steht allen anderen »Kräften« oder Potenzen, in denen sich Gott manifestiert, gegenüber. Daß damit nicht das menschliche Denken, sondern das göttliche gemeint ist, erhellt aus dem Zusammenhang der betreffenden Stellen. Als Moses Gott bat (Exod. 33:18): »Laß mich deine Herrlichkeit erkennen«, da wollte er Aufschluß darüber empfangen, wie diese *Maḥschaba* sich in den »Kräften«, die die Welt der göttlichen Äonen bilden, ausbreitet, auf welche Weise sie in ihnen wirkt und sie durchdringt – aber gerade dieses höchste Wissen wurde ihm versagt[12]. Das Denken oder die Uridee steht also am Anfang des Vorgangs, in dem Gott sich als Schöpfer erweist oder, anders gesprochen, im Bereich seiner Urkräfte oder »Schöpfungsworte« sich manifestiert. Ist dies nun eine gnostische Bestimmung, wie denn bei den Gnostikern hier und da der Gedanke, die *Ennoia,* an der Spitze der Äonen im Pleroma erscheint, oder liegt hier eine philosophische Bestimmung vor? Wäre es nicht ebenso denkbar, daß wir es hier mit einer in die späteste Schicht des Buches eingedrungenen neuplatonischen Konzeption zu tun haben, in der der göttliche Intellekt oder *Nous* als das reine Denken und die Uridee am Anfang von allem auftritt? Möglich ist beides. Bei einem hebräisch schreibenden Neuplatoniker am Anfang des 12. Jahrhunderts, Abraham bar Chija aus Barcelona, wird der Ausdruck »das reine Denken« in solchem Sinne von der göttlichen Uridee gebraucht. Materie und Form bestanden der Potenz nach als gesonderte Urele-

---

12 *Bahir* § 134 meiner Übersetzung, Darmstadt 1970; § 194 in der Ausgabe von R. Margalioth, 1951.

mente vor (oder in) dieser reinen Idee, bis der göttliche Wille kam und sie beide verband[13]. Der göttliche Wille ist hier ein Impuls, über dessen Ort und Art nichts ausgesagt wird. Ob er später ist als jene Uridee, vor der alles steht, oder gar nichts ist als sie selber, bleibt unentschieden.

Das intellektuelle Moment ist aber auch im *Buch Bahir,* wo von der *Mahschaba* die Rede ist, durchaus hervorstechend. Und zwar wird von dieser *Mahschaba* gerade etwas gesagt, was sie merkwürdig nahe an die aristotelische Bestimmung des Denkens, das sich selber denkt, heranführt. Der Meinung des *Buches Bahir* zufolge haben nämlich alle Dinge ein Ende, und man kann auf ihren Grund hinabsteigen; dies »Denken« aber geht bis ins Unendliche immer fort. Die Unendlichkeit ist seine Hauptbestimmung, durch die es noch über die visionäre Schau der höchsten Gegenstände in der göttlichen Thronwelt hinausgehoben wird. Das ist eine sehr merkwürdige Vorstellung, die, soweit ich sehe, ihren Sinn eigentlich nur dadurch erhält, daß wir annehmen, dies »Denken« sei unendlich, weil es sich selber denkt, weil es sein eigener Gegenstand sein kann und dadurch niemals zu einem Abschluß kommt. Wir haben oben gesehen, daß gerade diese Bestimmung für Plotin zwar nicht auf das Eine, den verborgenen Gott, wohl aber auf den *Nous,* die höchste Emanation, zutrifft. Die älteste jüdische Gnosis war Merkaba-Mystik, das heißt Schau der Welt, in der der göttliche Thron steht, und Schau dessen, der als mystische Gestalt auf ihm thront. Merkaba ist der vom Propheten Ezechiel in einer Vision beschriebene Wagen, auf dem dieser Thron durch die Himmel fährt. »Zur Merkaba hinabsteigen« war der technische Ausdruck für die ekstatische Schau dieser alten, vorkabbalistischen jüdischen Theosophen. An einer bedeutsamen Stelle des *Buches Bahir* wird diese Wendung vom Herabsteigen zur Merkaba einer anderen Wendung gegenübergestellt, mit der der *Talmud* Gottes unerforschlichen Plan und undurchdringliche Vorsehung bezeichnet: »So ist es im Denken [nämlich dem Denken Gottes, seiner Planung] aufgestiegen.«[14] Warum darf man in dem einen

---

13 Vgl. *Hegjon ha-Nefesch,* Leipzig 1860, Bl. 2a.
14 *Bahir* § 60 (Margalioth § 88); vgl. die Diskussion der Stelle in meinem Buch *Ursprung und Anfänge der Kabbala,* S. 115.

Fall von Hinabsteigen sprechen, während bei der *Maḥschaba* von Hinaufsteigen die Rede ist? Die Antwort ist ebenso merkwürdig wie die Frage, die ja von etwas ganz Äußerlichem auszugehen scheint. Sie besagt: eine Schau, und sei es die der Merkaba, also die höchste, hat ein Ende, bei dem sie anlangt, das Denken aber, weil es sich selber denken kann, hat kein Ende. Das Denken repräsentiert einen höheren Rang als das Schauen, und die Uridee Gottes steht weit über den visionären Gegenständen der Merkaba-Schau. Was über Gottes Denken oder Uridee steht, darüber weiß das *Buch Bahir* nichts auszusagen und vermacht so den Kabbalisten, die an ihm zuerst ihr Weltbild entwickelt haben, einen Gottesbegriff, an dessen Spitze ein tief rationales Moment, über die ekstatischen Entrückungen der Merkaba-Mystiker hinaus, gestellt wurde.

Dieses Denken, das im *Buch Bahir* als ein höchstes Moment an der Gottheit, soweit sie sich offenbart, aufgefaßt ist, ist dort aber keineswegs identisch mit der Sophia, die ausdrücklich an zweiter Stelle im Schema der Sefiroth aufgeführt wird. Das Buch erklärt sich über diese Differenz nicht weiter. Wie haben wir sie zu verstehen? Ich möchte vermuten, daß der Grund der Unterscheidung darin liegt, daß das göttliche Denken, wie schon gesagt, letzten Endes keinen Inhalt hat als sich selbst und gerade dadurch einen unendlichen Ablauf bildet. Die Weisheit dagegen hat einen Gegenstand, nämlich den Schöpfungsplan, der sich vom reinen Denken als solchem abhebt. Die Sophia Gottes ist schon in alten haggadischen Schriften mit der Tora identifiziert worden, eine Gleichung, die mit gewissen Modifizierungen von den Kabbalisten beibehalten worden ist. Sie ist also etwas Gedachtes, etwas, in dem die vernünftige und weise Ordnung des Weltgefüges umrissen ist. Auch wo die Tora in der Erscheinung als göttliche Offenbarung, rabbinisch gesprochen »schriftliche Tora«, schon als ein späteres Moment ihrer Entfaltung angesehen wird, wie bei vielen der alten Kabbalisten, ist die Ur-Tora, die ihr vorangeht und mit der Sophia zusammenfällt, dadurch von der sprachlich schon entfalteten Form der Tora geschieden, daß in ihr, als in der göttlichen Weisheit, solche Differenzierung noch nicht stattgefunden hat. Die Sophia umfaßt alles auf eine uns unbegreifliche einheitliche, positive Weise, in der der Gedanke oder Plan der Schöpfung, obwohl schon ein Gegenstand oder Inhalt, noch wie ein Knäuel unentwirrt und in sich verschlungen, vorhanden ist. Aber er ist eben der Gedanke *von* etwas, nicht das Denken des Denkens. So gesehen, stellte die göttliche Sophia den verborgensten Aspekt der Tora, man darf sagen: die Tora in ihrer okkulten Gestalt, dar. Als die kabbalistischen Lehren sich um 1200 im Abendland, in der Provence, auszubreiten begannen, waren die dargelegten Anschauungen noch dominierend. Isaak der Blinde spricht von der reinen *Mahschaba* als der höchsten Sefira, die der Sophia vorangeht. Seine Terminologie zeigt, daß er die Bestimmungen des *Buches Bahir* über die *Mahschaba* und die neuplatonischen Quellen über die Uridee, *Mahschaba tehora*, vereinigt. Vom Willen ist bei ihm nicht die Rede. Was über diesem höchsten Denken steht, das seinerseits in der göttlichen Rede, dem Wort, sich weiter ausdrückt und entfaltet, wird bei Isaak nur in ganz andeutender Weise bezeichnet. *En-sof* muß ihm als Bezeichnung dieser letzten und höchsten Realität bekannt gewesen sein; er läßt es aber gleichsam in den adverbialen Konstruktionen aufgehen, von denen ich schon gehandelt habe. Er spricht nicht von einem selbständig auftretenden *En-sof*, oder doch nur ganz im Vorübergehen; aber er spricht mit seltsamer, zweifellos beabsichtigter Unbestimmtheit von einer »Ursache der *Mahschaba*«, die dort steht, wo andere *En-sof* setzen.

In ähnlich vorsichtiger Weise spricht er auch am Anfang seines Kommentars zum Buch der Schöpfung von »etwas, was das bis ins Unendliche gehende Denken erfaßt, ja um wieviel mehr etwas, was in ihm selbst enthalten ist«[15]. Das, was in der *Mahschaba* selbst enthalten ist, sich in ihr verbirgt und von ihr selber unerfaßbar ist, ist also der wahre *deus absconditus*. Plotin hat hier ganz den biblischen Gottesbegriff verdrängt, der erst für die Welt der Sefiroth in seiner Bestimmtheit wieder hervorgeholt wird.

---

15 Der Buchstabe *Beth,* mit dem dieser Text (wie die Tora selber) beginnt, enthält nach ihm einen Hinweis auf diese beiden »Was«-heiten. Wenn das unendliche Denken die erste Sefira ist, muß also das, was in ihr verborgen (wörtlich: umfaßt) ist, das Namenlose, also *En-sof* selber sein.

Anders aber steht es mit den Nachfolgern Isaaks des Blinden. Hier ist, wie ich glaube, unter dem noch erkennbaren Einfluß Gabirols, ein Einbruch der Willensmetaphysik erfolgt, der an die Stelle der *Maḥschaba* den Willen als oberste Bestimmung und erste Sefira gesetzt hat. Die reine Uridee, das Denken Gottes, ist an die zweite Stelle gerückt und wird mit der Sophia eins. Der Wille wird so hoch gerückt, daß er über alles hinausragt, die Ursache von allem und Träger von Bestimmungen wird, die sonst in diesem Kreis von *En-sof* gelten. Dennoch bleibt eine Differenz zwischen der Gottheit als solcher, *En-sof,* und dem Ur-Willen. So nahe sie aneinandergerückt sind, werden sie nicht identisch. Diese entscheidende Differenz aber verhindert uns anzunehmen, daß dieser neue Schritt unter dem Einfluß des Scotus Erigena erfolgt sein könnte. Denn gerade er kennt keinerlei Unterschied zwischen der Gottheit und ihrem Willen. Sie sind in ihrer Wesenheit ganz und gar eines. Bei Kabbalisten wie Esra, Asriel, Ascher ben David und Isaak Ibn Latif ist der Wille dagegen die erste Sefira, die durchaus nicht mit ihrer Ursache identisch ist. Soviel sich also in anderer Hinsicht für eine Verbindung einiger dieser Kabbalisten, besonders Asriels, mit der Gedankenwelt des Erigena anführen läßt, müßten wir hier noch mit dem Einbruch eines anderen Faktors rechnen. Dieser Faktor scheint die Willensmetaphysik Gabirols in der *Fons Vitae* zu sein, so wenig wir die zum Teil wohl indirekten Wege angeben können, auf denen diese Vorstellung zu ihnen gedrungen ist. Bei Gabirol ist der Wille jene Quelle des Lebens, aus der alles hervorkommt, die noch über Materie und Form als verbindendes Element steht. Aber er ist nicht selber der erste Wirkende, *primus factor,* was die – von einigen arabischen Schulen übernommene – Bezeichnung Gabirols für Gott selber ist. Der Wille des »ersten Wirkenden« ist unendlich nah mit ihm verbunden, ist sein Wort und seine Weisheit, aber nie Gott selbst. Er ist nicht ein Erstgeschaffenes, denn es gibt keinen Stand, in dem dieser Wille noch nicht existiert hätte. Er geht anfangslos aus Gott hervor, ist also die erste dynamische Bestimmung des Unnennbaren, wird aber nicht, wie bei den Kabbalisten, zum Ursprung einer theosophischen Welt des verborgenen göttlichen Lebens, das aus ihm heraustritt. Gabirol ist ein neuplatonischer Philosoph, kein Theosoph. Er sucht wie Plotin, wenn auch anders, mit einem Minimum von Bestimmungen auszukommen, um die Hierarchie des Seienden zu entwickeln. Deswegen war ihm die dynamische Auflockerung des Logosbegriffes, die in der längeren arabischen Version der pseudoaristotelischen Theologie vorgenommen war, willkommen. Das voluntaristische und das intellektualistische Moment fließen in seiner Lehre vom Willen zusammen. *Bei den Kabbalisten dagegen treten gerade diese Momente auseinander.* Nie wird für sie der Wille, das Wort und die Weisheit Gottes identisch werden, sondern sie bilden spezifische Momente in dem Strom des verborgenen Lebens der Gottheit, das sich dem Blick des Theosophen eröffnet. Es ist gerade die besondere Stellung des Willens am Übergang vom verborgenen zum sich offenbarenden Gott, die der kabbalistischen Konzeption eine besondere Note gibt. Zugleich aber warf sie für die Kabbalisten ein Problem auf, von dem sie lange nicht losgekommen sind.

Man spricht gewöhnlich von den zehn Sefiroth als zehn Emanationen der göttlichen Kraft, über denen als ihre höchste Wurzel oder Ursache jenes schlechthin Unbestimmbare steht, das wir als *En-sof* kennengelernt haben. Daß diese Sefiroth untereinander durch Akte fortschreitender Emanation, in denen das erste Licht sich ausbreitet und näher bestimmt, verbunden sind, ist in allen kabbalistischen Texten klar. Was aber nicht klar ist und durchaus verschieden interpretiert werden konnte, ist gerade die Frage des Verhältnisses von *En-sof* zur ersten Sefira. Asriel, der unter den ältesten Kabbalisten am ausführlichsten über *En-sof* und die Sefiroth gehandelt hat, und der die erste Sefira am eindeutigsten als den Willen bestimmt hat, sagt an keiner einzigen Stelle, daß dieser Wille in einem Akt der Emanation, der einen Anfang genommen hätte, aus *En-sof* hervorgegangen sei. Er vermeidet eine solche Aussage sorgfältig, während er keinen Zweifel darüber läßt, daß das Denken, welches die Sophia ist, einen Anfang im Emanationsprozeß hat, ja geradezu, als ob er die Dinge auf die Spitze treiben wolle, symbolisch als Anfang bezeichnet wird. Wenn aber die zweite Sefira als »Anfang« und am Anfang von allem hervortrat, wie steht es um die erste, die wir bei Asriel als den Willen kennenlernen? Dieser Wille ist anfangslos, er ist nicht *En-sof* selbst, aber er ist, wie Ascher ben David, der Neffe und Schüler Isaaks des Blinden sagt, »in *En-sof* eingepflanzt«.[16] Nirgends wird von diesem Willen gesagt, er sei entstanden. Offenbar ist er als koexistent mit dem verborgenen Wesen Gottes gedacht.

Solche Koexistenz konnte bildlich in zwei einander ausschließenden Weisen vorgestellt werden. Die erste Sefira konnte in *En-sof* verborgen gedacht sein, in seinen »Urgrund« eingepflanzt und beständig aus ihm ausstrahlend oder hervorfließend; sie konnte aber auch in ganz anderer Symbolik als eine Aura gedacht werden, die unerschöpflich es umgibt. Ja mehr: so wie *En-sof* aller Bestimmungen entbehrte, so auch dieser Wille, der aus ihm oder um es fließt. Daß er noch ganz unbestimmbar ist, daß auch in ihm die Gegensätze noch in der ungeschiedenen Einheit ruhen, ermöglichte es den Kabbalisten wie manchen anderen Theosophen in der Geschichte der Mystik (zum Beispiel Jakob Böhme), von diesem Urwillen als dem eigentlichen Nichts zu reden, aus dem alles Etwas entspringt. Während immerhin der Wille als eine persönliche Bestimmung des Unendlichen wenigstens aufgefaßt werden konnte, sowenig er das notwendigerweise sein mußte, so war die Bestimmung der ersten Sefira als des mit dem Unendlichen dialektisch verschlungenen Nichts eigentlich diejenige, die am ehesten zu dem unpersönlichen Wesen des Ureinen oder Unendlichen paßte. Das Sein, das allem Anfang voranging, ist ebensosehr unendliches Sein als Nichts. Indem diese beiden Prädikationen aufrechterhalten wurden, nahmen die Kabbalisten die Problematik auf sich, die mit solcher überkühnen Metaphorik gegeben war[17]. Gerade die Kühnheit solcher Rede vom Nichts oder dem Willen als einem, neuplatonisch gesprochen, Übersein, das aller Bestimmungen ermangelt, führte dazu, die Frage aufzuwerfen, ob überhaupt zwischen *En-sof* und der ersten Sefira irgendein Unterschied angenommen werden könne und ob sie nicht einfach

---

16 Vgl. die Stelle Ascher ben Davids in den Auszügen aus seinen Schriften, die M. Soave im *Ozar Nehmad* IV, Wien 1863, S. 39, mitgeteilt hat.
17 Ich habe über diese Problematik im nächsten Kapitel eingehender gehandelt.

identisch seien. In der älteren Kabbala ringen beide Anschauungen miteinander, und beide haben bis zum Ende des 15. Jahrhunderts viele Vertreter gehabt.

Die Anschauung, welche *En-sof* mit dem Willen identifizierte, zugleich dabei aber auch das Unendliche mit dem Nichts, aus dem alles entspringt, hatte die größere Einfachheit für sich, und man könnte sagen, daß sie aus einer naiveren Haltung zu den Problemen der kabbalistischen Gotteserkenntnis kommt. Diese Identifikation ist undialektisch. Da ihre Anhänger nicht einsahen, warum über einem ganz bestimmungslos gedachten Willen, der allumfassend ist, noch eine ebenso bestimmungslose Quelle dieses Willens angenommen werden müsse, verzichteten sie darauf, die beiden in eine Beziehung zu setzen, die bei aller Nähe doch etwas Schwebendes haben mußte. Hier ist dann also die erste Sefira selber die verborgene Gottheit, die ganz und gar schöpferischer Wille ist, womit wir gar nicht so weit von Plotin angelangt sind. Es gibt über den zehn Sefiroth nichts noch Verborgeneres, und es ist nur eine Frage der verschiedenen Perspektive, wie man diese in den übrigen Sefiroth sich dann unter persönlichen Bestimmungen offenbarende höchste Realität bezeichnen will. Von uns aus gesehen, ist sie das bestimmungslose Nichts, das, was bleibt, wenn alles nur in der Schöpfung Erscheinende von ihr abgezogen wird; von Gott aus gesehen aber, ist sie die Fülle der Unendlichkeit, das wahre Sein und die Quelle des Lebens.

Die Vertreter der anderen Ansicht nahmen statt der Identität ein dialektisches Verhältnis zwischen dem Unendlichen und seinem Willen oder seinem Nichts an. Es ist sozusagen ein letzter, ganz innerlicher Ruck, der zwischen den Polen dieser Beziehung sich vollzieht. Und zwar konnte dieser schöpferische Ruck sich ebensosehr mit einer unpersönlichen wie mit einer persönlichen Gottesauffassung vertragen. Über dem Willen konnte der personenhaft gedachte Wollende stehen – in diese Richtung ist in der Tat die spätere streng theistische Wendung der Theologie der Kabbala gegangen –, aber es konnte auch eine ganz unpersönlich gedachte plotinische Gottheit sein, die als die ungeschiedene Einheit der Indifferenzpunkt aller Widersprüche ist. Der göttliche Wille wird dann gerade als der Ruck ins Persönliche aufgefaßt. Es ist bei solcher Auffassung kein Wunder, daß Geister wie Asriel oder der Autor des *Sohar*-Hauptteils, also besonders ausgezeichnete spekulative Köpfe, wenn sie von Gott reden, eigentlich dieses dialektische Ineinander und Miteinander meinen, das zwischen dem Unendlichen und der ersten Sefira als ihrem Willen besteht. Das persönliche und das unpersönliche Moment werden vereinigt; das verborgene *En-sof* und sein Wille bilden die dialektische Einheit, mit der die Religion es in der Gottesverehrung zu tun hat.

Asriel gestattet sich, in einer Schrift von *En-sof* zu sprechen, ohne eigentlich dem Willen einen Platz in seinen Ausführungen anzuweisen. In anderen Schriften, wie vor allem seinem Kommentar zu den talmudischen Aggadoth, ist es dagegen gerade umgekehrt. Hier schweigt er fast völlig über *En-sof*, das kein einziges Mal als selbständiger Begriff außerhalb schwebender adverbialer Redewendungen vorkommt, während gerade vom Willen in denselben Wendungen gesprochen wird, die an anderen Stellen von *En-sof* gebraucht werden. Und doch ist es nicht etwa so, daß er beide identifiziert hätte. Der höchste Wille, auch als »innerster Wille« bezeichnet, ist das Ziel des Mystikers, der vor allem im Gebet und dem in ihm durchmessenen mystischen Aufstieg den Anschluß an ihn zu erreichen sucht. Doch einen Weg zu *En-sof* selber gibt es auch für den Mystiker nicht. Und der Stellung des Willens in der Mystik des Gebets entspricht auch die in der Ontologie. So hoch die Weisheit und das Denken, die bei Asriel als zwei Schichten der Sefira *Hokhma* unterschieden werden, hinaufreichen, so bleiben sie doch immer unter dem Willen, der ihre Ursache ist, ja geradezu mit der Gabirolschen Bestimmung als »Quelle des Lebens« bezeichnet wird. Alle Emanation beginnt hier, wo der Wille, »außerhalb von dem Nichts ist«, das *intelligere* Gottes und die Weisheit hervorbringt, mit denen alles, was im Willen verborgen war, nun im Wirken der Gottheit hervortritt. Um diesen Übergang vom Willen zum Denken zu bezeichnen, benutzt Asriel mehrfach eine vor ihm nicht vorkommende Wortverbindung *Rezon Hamahschaba*, das heißt der »Wille des Denkens«, oder der Wille, der noch im Denken verborgen ist, der in ihm wirkt und erst durch es, in seiner planenden Funktion als göttliche Sophia oder Ur-Tora, tätig wird. »Alles, was in den Willen des Denkens eingesenkt und verborgen war, tritt [in der Emanation der Sefiroth] hervor, wird manifest und in Handlungen sichtbar.«[18] An derselben Stelle führt Asriel weiterhin aus, daß die Kette, durch die alles zusammenhängt und auseinander hervorgeht, letzten Endes nach oben bis zu diesem Willen des Denkens führt, in dem selber keinerlei Unterschiedlichkeit mehr stattfindet. Denn solche Unterschiedlichkeit beginnt für Asriel erst mit dem Bereich der Sophia, die alle Dinge in ihrem gesonderten Dasein, wenn auch in einem einheitlichen Akt, zu denken vermag. Im Willen dagegen, der über ihr steht oder in ihr verborgen ist, findet keine solche Differenzierbarkeit statt. Die Schöpfung beginnt mit dem Urgedanken Gottes und setzt sich in den Bereichen der Rede, das heißt der göttlichen Offenbarung, und des Tuns, das heißt der sichtbaren Aktion, fort. Aber der Anfang aller Sefiroth ist »der Wille, der allem vorangeht und außerhalb von dem nichts ist«. Er ist es, der die *Maḥschaba,* die Weisheit und ihre Wege in allen Bereichen hervorgerufen hat[19]. So ist es nicht erstaunlich, daß über das Denken und von ihm nicht erfaßbar, ein solcher Urwille tritt, der eine höchste und allumfassende ewige Äußerung des Unendlichen ist und deswegen mit denselben Prädikationen bedacht wird wie *En-sof* selber. Negativ wird dieser Wille als »das Unerfaßbare« schlechthin bezeichnet. Die Vorstellung der Kabbalisten war, daß sogar dies höchste Denken aus einem »Nichts des Denkens« stammt, welches »der Beginn des Willens« ist[20]. Beide stehen in Spannung zueinander, gehen aber ineinander über. Das Denken steigt aus einem Abgrund des Willens hervor, versinkt aber auch in ihm, wo es zu seinem Ursprung zurückzukehren strebt.

Die göttliche *Maḥschaba* »ist ein Buch, das die Buchstaben dieses Willens enthält«[21]. Mit anderen Worten: was im Willen noch in völliger ungeschiedener Einheit vorhanden war, zerlegt sich im Denken. Als Buch konnte Asriel dies Denken eben darum bezeichnen, weil es für ihn mit der spirituellen Ur-Tora zusammenfällt. Dieses und verwandte

18 *Perusch ha-Aggadoth*, ed. Tishby, S. 92.
19 *Ibid.*, S. 81.   20 *Ibid.*, S. 116.   21 *Ibid.*

Bilder in Asriels Schriften zeigen, daß der Wille als etwas gedacht wird, in dessen unergründlichem Schoß alle Wesenheiten, wenn auch ohne jede Bestimmung, schon verborgen liegen. Im Heraustreten aus der Verborgenheit des Willens werden seine Inhalte aktualisiert und zugleich bestimmbar. Dieses Hervortreten geschieht in der Emanation der Sophia. Freilich verstehen wir nun auch, warum Asriel und mehrere seiner Kollegen diese Sophia in zwei Schichten zerlegten, wie oben bemerkt wurde. Die obere Schicht, bei Asriel *Haskel* genannt, was dem lateinischen Infinitiv *intelligere* entspricht, meint jenes Denken, das sich selber denkt und das wir im *Buch Bahir* an der höchsten Stelle gefunden haben. Die zweite ist die eigentliche Sophia, in der die Wesenheiten oder Signaturen aller Dinge schon als Inhalt solchen Denkens erscheinen. Es gibt keinen Akt, durch den der Wille von *En-sof* »gesetzt« worden wäre. Es hat niemals einen Stand gegeben, in dem der Wille, und der Wille allein, noch vor den anderen Sefiroth, aktualisiert worden wäre. Solche Aktualisierung trat, und das ist für das Verständnis des Gottesbegriffs dieser alten Kabbalisten entscheidend, erst mit der Setzung der Sophia als verwirklichten Willens ein. Für spätere Kabbalisten, bei denen das Ringen zwischen den beiden Gottesbegriffen, von denen ich hier spreche, längst nicht mehr so intensiv sich geltend macht, ist eine Vereinfachung eingetreten, von der Asriel und der *Sohar*-Autor noch nichts wußten. Die erste Sefira selbst wird in einem Akt des Uranfangs von *En-sof* gesetzt. Das Nichts selber hat einen Anfang, eine Idee, die den hier besprochenen Quellen noch ganz unfaßbar wäre. Denn für diese steigt *En-sof* immer ins Nichts über, wenn auch dieses Nichts nur die reine Potentialität wäre, aus der das Schöpferische ausbrechen kann, aber keineswegs dem Wesen des Unendlichen gemäß ausbrechen müßte. Gott ist frei. Diese seine Freiheit beweist sich aber nicht in einem Sprung von *En-sof* zur ersten Sefira, von deren Emanation nie die Rede ist, sondern in dem Entschluß zur Emanation des Bereichs, der als Denken Gottes und als seine Sophia der eigentliche Anfang aller Schöpfungsakte ist. Wenn wir von Schöpfung aus Nichts sprechen, so liegt die Freiheit Gottes bei der Schöpfung, nicht beim Nichts.
Das Unendliche und sein Wille sind also aufs engste mitein-

ander verklammert. Dafür sind die Wendungen charakteristisch, die in diesem Kreise der Kabbalisten von Gerona für die erste Sefira gebraucht werden. Sie heißt »die Höhe bis zum Unendlichen hin«, *Ha-rom 'ad En-sof,* oder auch »der Wille bis zum Unendlichen hin«, und der erste Buchstabe des hebräischen Alphabets, Alef, der für die sprachmystische Symbolik den Einsatzpunkt aller Sprache bezeichnet, aus dem alle Artikulierung auch des göttlichen Wortes sich entwickelt, weist auf diesen höchsten Stand hin, der die Einheit der ersten Sefira mit ihrem unendlichen Ursprung im Symbol der Zahl Eins, die zugleich der erste Buchstabe ist, in sich faßt. Das charakteristisch Schwebende dieser Wendungen ist unverkennbar. Es heißt nicht »der unendliche Wille«, sondern »der Wille bis zum Unendlichen hin«, also ebensosehr ein Wille, der sich ins Unendliche hin erstreckt, als ob es über ihm nichts von ihm Abgesondertes gäbe, als auch ein Wille, der in jenes hypostasierte Unendliche, *En-sof,* hinführt, mit dem er als eins gedacht ist, über Ruhe und Bewegtheit hinaus, und ebensosehr als absolute Ruhe wie als Bewegtheit vorstellbar. So sagt Jakob ben Scheschet, der um 1240 in Gerona schreibt: »Das Alef entspricht einer innerlichsten und verborgensten Wesenheit, die weit hinaus über die Sophia hinaufsteigt, ganz unerkennbar für uns ist, sich mit dem Unendlichen und Grenzenlosen vereinigt und Wille heißt [...] und von dieser subtilen und verborgenen Wesenheit sagt David (Ps. 19:15): Auf den Willen mögen die Worte meines Mundes ausgerichtet sein.«[22] Der Kabbalist versteht dabei die Worte des Psalmisten, die im gewöhnlichen Zusammenhang »mögen meine Worte wohlgefällig sein« heißen, in ganz wörtlicher Weise, wie der hebräische Satz es auch gestattet. Ähnlich sagt er in einer anderen Schrift: »Wenn der Beter von seinen Worten sagt, sie mögen zum Willen hingehen [wohlgefällig aufgenommen werden], so will er damit alles im Unendlichen vereinen [...] und wisse, daß der Wille die Ursache von allem ist und ganz verborgen, nur aus etwas anderem heraus zu erschließen, und aus ihm breitet sich aus [emaniert] eine Wesenheit, bei der intellektuelles Erfassen

---

22 Vgl. *Scha'ar Schamajim,* ed. S. Mortara, in: *Ozar Nehmad* III (1860), S. 155.

statt hat, und das ist die Sophia, die den Willen auseinanderlegt und klar macht, und nur aus ihr heraus wird er erkannt, nicht von seiten seiner selbst.«[23] Daß gerade Jakob ben Schescheth bei solchen Äußerungen über den Willen aber durchaus einen persönlichen Gottesbegriff mit den ins Unpersönliche hineinspielenden Wendungen verbindet, zeigt sich eindeutig in der Fortsetzung der oben angeführten Stelle über die erste Sefira als Wille: »Mit ihr zugleich ist der Höchste über allen Höchsten angedeutet, der Gott der Götter und Herr der Herren, die erste Ursache und der höchste Teich, den kein Denken faßt. Und weil er [dieser Höchste] allen Gedanken entrückt ist, kann keinerlei irgendwie begrenzter Name ihm zugeordnet werden, und alle Dinge und Andeutungen, die über ihn in den Worten der Bibel vorkommen, sind von den Wesenheiten ausgesagt [das heißt beziehen sich auf die Sefiroth], die aus seiner Ursache stammen.«[24]

Der Wille und *En-sof* sind also in ihrer Wirklichkeit untrennbar verbunden, obwohl sie ihrem begrifflichen Wesen nach nicht identisch sind. Wer den Willen als eine von *En-sof* abgetrennte Wesenheit auffaßt, macht sich einer häretischen Verirrung schuldig, einer Verletzung der göttlichen Einheit, die unter die Kategorie aller Abirrungen vom Monotheismus fällt, welche bei den Kabbalisten bildlich als das »Abhauen der Pflanzungen« bezeichnet wird.

Wir haben in diesen Betrachtungen gesehen, mit welcher Entschiedenheit der Wille über das Denken Gottes gestellt und damit dem Gottesbegriff eine ganz besondere voluntaristische Note gegeben wurde. Und doch konnte es nicht ausbleiben, daß jenes ältere, intellektualistische Moment, von dem wir vorher gehandelt haben, sich in das Denken mancher Kabbalisten einmischte und ein gewisses Schwanken hervorbrachte. Das zeigt sich am meisten bei Autoren, die versuchen, den Willen und das Denken zu identifizieren, als Symbole einer und derselben Wesenheit aufzufassen. Bei Ascher ben David, dem Zeitgenossen Asriels, steht zwar der Wille am Anfang

---

23 Jakob ben Schescheth in dem fälschlich unter dem Namen des Nachmanides oft gedruckten Buch *'Emuna u-Bittahon,* Kap. 5.
24 *Ozar Nehmad* III, S. 155–156.

und wird oft als »Ausfluß, der aus *En-sof* fließt« und sich in den Sefiroth ausbreitet, bezeichnet. Es ist aber keineswegs immer klar, ob dieser Wille überhaupt eine Sefira heißen dürfte. Da er in sich unentstanden ist, sondern von jeher ins Unendliche eingepflanzt ist, kann er an sich gar nicht Sefira heißen, sondern nur als Quelle des sefirothischen Lebens, das sich von ihm in der Emanation ausbreitet, darf er im übertragenen Sinne auch selber als Sefira bezeichnet werden[25]. Für solche Betrachtung wird dann die Sophia selbst zur ersten Sefira, in der sich Wille und Denken begegnen. Deswegen kann die Sophia einerseits Wille heißen, »nach dem Ausfluß, der beständig aus dem Willen kommt« und in ihr wirkt, andrerseits auch Denken, »weil in ihr nach dem Willen das Denken erwacht«[26]. In diesem Sinn wird dann zum Beispiel in der großen Darstellung der kabbalistischen Symbolik in Josef Gikatillas *Pforten des Lichtes* die Sophia sowohl als *Maḥschaba,* Denken, wie auch als »grenzenloser Wille« erklärt[27]. Und es fehlt auch nicht an Versuchen, das reine Denken sogar wieder über den Willen hinauszuheben, als ob im höchsten Denken erst der Willensimpuls entspringt[28]. In diesem Schwanken kommt, wie wir wohl sagen dürfen, das Moment der Gleichsetzung oder Verbindung des Willens mit dem Logos und der höchsten Sophia wieder zum Vorschein, wie wir es aus Gabirols *Fons Vitae* kennen. Solche Verbindung ist besonders deutlich bei dem Kabbalisten Isaak ben Jakob Kohen aus Soria, der kurz vor der Abfassung des *Sohar* schrieb. Bei ihm sind der Urgedanke und der Urwille durchaus äquivalent und bilden die höchste Sefira, die ein »gedanklicher und willentlicher Urpunkt« heißt, aus der alle anderen »intellektuellen und formgebenden geistigen Punkte«, welche hier die Sefiroth sind, entlassen werden[29]. Statt des Nichts der älteren Kabbalisten,

25 Vgl. *Ursprung und Anfänge der Kabbala*, S. 382.
26 Ascher ben David in seinem *Perusch Schem ha-meforasch,* ed. M. Chassidah, Jerusalem 1934, Ende von S. 5.
27 *Schaare Ora,* Offenbach 1715, Bl. 47a/b.
28 Bachja ben Ascher, *Kommentar zur Tora,* Venedig 1544, Bd. 189b, zu Num. 23:4.
29 Vgl. die Stellen Isaak Kohens in *Madda'e ha-Jahaduth* II, S. 276, sowie *Tarbiz* II, S. 206.

welches den Urpunkt der Sophia aus sich entläßt und das auch im *Buche Sohar* die Symbolik der ersten Sefira mitbestimmt, ist hier selbst schon ein Urpunkt als Anfang, aus dem alle anderen Sefiroth entspringen, getreten.

Die verschiedenen Tendenzen, die sich in der alten Kabbala bei diesem Ringen zwischen Willen und Denken als der höchsten Instanz herausgebildet haben, haben sich unverkennbar im *Sohar* niedergeschlagen. Ich habe oben gezeigt, wie in diesem Buch ein biblischer und ein neuplatonischer Gottesbegriff in den Bildern von dem »heiligen Alten« und von *En-sof* nebeneinander auftreten. Wir sahen, daß der Autor von *En-sof* ganz im Sinn der plotinischen Bestimmungen handeln konnte, daß er sich aber den Weg zu persönlicher Rede von der Gottheit durchaus freiläßt. In solcher persönlichen Rede, wie sie in großen Monologen dem Rabbi Simon ben Jochai in den Mund gelegt wird, kommt freilich *En-sof* nicht vor. Denn der »heilige Alte«, *Attika Kaddischa,* oder der »Langmütige«, *Arich Anpin,* der in diesen Reden die verborgene Gottheit bezeichnet, ist tatsächlich nichts als die erste Sefira in ihrer Einheit oder unlösbaren Verbindung mit *En-sof.* Daher, als Träger des Willens, aber auch des Denkens, bleibt dieser Synthese das persönliche Moment erhalten. Der »höchste König«, von dem hier oft gesprochen wird, ist immer schon *En-sof* in seiner Ausstrahlung in der ersten Sefira. Wo er von ihr abgelöst erscheint, verschwinden auch solche persönlichen Bestimmungen. Es gibt einen Strahlenglanz, der *En-sof* umgibt. Wie er zustande gekommen ist, wird nie deutlich gemacht. In dem feierlichen Passus, mit dem der *Sohar* die Erklärung des ersten Wortes der Tora eröffnet, ist er einfach da: »Als der Wille des Königs zu wirken begann, grub er Zeichen in den höchsten Strahlenglanz« (I, 15a). Aber in einer Parallelstelle sieht es doch so aus, als ob er hervorgebracht wäre: »Am Anfang, als es im Willen des weißen Hauptes [ein aus dem Buche Daniel genommenes Synonym für den ›heiligen Alten‹] aufstieg, eine Glorie für seine Glorie zu machen, da stieg ein verborgener Strahlenglanz am Anfang von allem auf; er hauchte in ihn ein und brachte Lichtströme hervor, die sich miteinander verbinden [...] und dieser Strahlenglanz der Verborgenheit heißt

Ehjeh [der der ersten Sefira zugeordnete Gottesname aus Ex. 3:14]« (I, 251a). Hier, wie an anderen Stellen, ist im *Sohar* der Vorgang des Uraktes komplizierter als in den üblichen Darstellungen des Anfangs der Emanation. Der Urwille des »weißen Hauptes« ist nicht selber identisch mit dem von ihm hervorgebrachten Strahlenglanz, der hier an die Stelle der ersten Sefira tritt. Aber auch hier ist der Wille selbst nicht als entstanden gedacht. Die Vorgänge in diesem höchsten Pleroma zwischen *En-sof* und der ersten Sefira enthalten mehr als einen einzelnen Akt. Ihnen entspricht eine ganze Theosophie dieser Welt der ersten Sefira und ihrer Erstreckung bis ins Unendliche, wie sie vor allem in den anthropomorphistischen Schilderungen der Idras im *Sohar* beschrieben wird. Auch Josef Gikatilla kündigt in seinen *Pforten des Lichts* seine Absicht an, ein eigenes Werk über diese »Welt von *Kether*«, das heißt der ersten Sefira, zu verfassen. Dabei hat also offenbar der Wille des weißen Hauptes, von dem noch öfters die Rede ist[30], eine bestimmte Funktion. Der personalistische Charakter dieser Beschreibungen des Uraktes ist unverkennbar, und dem entspricht, daß an manchen Stellen, wo von ihm die Rede ist, nicht von *En-sof* oder dem heiligen Alten oder dem weißen Haupt gesprochen wird, sondern in der traditionellen rabbinischen Terminologie einfach vom »Heiligen, gelobt sei er«, der üblichen persönlichen Prädikation Gottes in der Aggada. Freilich konnte die Symbolik dieses Strahlenglanzes, den Gott wie ein Gewand umnimmt – ein aus Psalm 104 und einer von dort inspirierten esoterischen Aggada genommenes Bild –, ebensogut auf die Emanation der Sophia wie auf die der ersten Sefira gedeutet werden. Wir haben in den Quellen des *Buches Sohar,* wie vor allem in dem Kommentar des Esra ben Salomo zum *Hohen Lied* (Bl. 27b, ed. Altona 1763), in der Tat solche Deutung auf die Sophia vor uns, und an mehreren Stellen, wo der *Sohar* diese Symbolik aufnimmt und entwickelt, läßt sich ein Schwanken zwischen beiden Deutungsmöglichkeiten erkennen. Die Terminologie Asriels vom »Willen des Denkens«, die wir oben kennengelernt haben, klingt dabei wieder an. »Bevor

---

30 So zum Beispiel auch III, 135b, und in dem zur Schicht der *Mathnithin*-Stücke gehörenden Fragment in *Cod. Vaticanus* 206, Bl. 330.

der Heilige, gelobt sei er, die Welt schuf [und das heißt hier: die Welt der Sefiroth], war er und sein Name, der in ihm verborgen war, eines, und kein Ding bestand, bis es im Willen des Denkens aufstieg, dem All durch die Aufdrückung seines Siegels Bestand zu verleihen und die Welt zu schaffen, und er formte [wörtlich: zeichnete Signaturen] und baute, aber nichts hatte Bestand, bis er sich in eine Hülle aus höchstem Strahlenglanz des Denkens einhüllte und die Welt erschuf und aus jenem höchsten Strahlenglanz jene mystischen hohen ›Zedern‹ hervorbrachte [die in dem mystischen Libanon, welcher die *Mahschaba* ist, eingepflanzt sind].« (I, 29a)[31]. Der Name, der von Gott noch nicht getrennt war, ist eben die in ihm verborgen liegende Kraft der Emanation, die sich nachher in den Sefiroth enthüllt, deren Gesamtheit ja den Namen Gottes darstellt. Der Wille steht hier klar über dem Denken, das selber mit dem Strahlenglanz der Sophia zusammenfällt. Über der Sophia, die der Autor des *Sohar* im allgemeinen ebenfalls mit dem göttlichen Denken identifiziert, kennt er aber doch noch hier und da ein »verborgenes Denken«, *Mahschaba sethima*, das ausdrücklich mit dem Willen identifiziert wird, vielleicht freilich nur, wenn man den Text präzis interpretieren dürfte, mit »einem Willen«, das heißt einer Modifikation *des* Willens. So lesen wir in der Erklärung des *Sohar* zum *Hohen Lied*: »Am Anfang, bevor die Welt erschaffen wurde, stieg auf und wurde offenbar ein Wille, der ›verborgenes Denken‹ heißt, und er setzte alles in dieses verborgene Denken, alles, was war und sein wird, und aus diesem Denken stieg ein Wille auf, die Welt zu schaffen, und eine ganz subtile Quelle trat heraus, in der die Verborgenheit des Denkens enthalten war.«[32] Diese Quelle ist dort des weiteren eindeutig als die Sefira *Bina* beschrieben, die auf die Sophia folgt und aus ihr entsprungen ist. Ein Passus wie dieser zeigt klar, daß sich die Rede vom göttlichen Willen

---

31 Moses de Leon hat in zwei verschiedenen Versionen desselben Buches Paraphrasen dieses Stückes gegeben, die den beiden oben erwähnten Deutungsmöglichkeiten entsprechen und zeigen, wie stark der Autor zwischen solchen Möglichkeiten schwankte. Vgl. *Mischkan ha-'Eduth*, Hs. Berlin, Bl. 5a, gegenüber der Version in der Hs. Cambridge Dd 4–2², Bl. 4b. Vgl. auch *Sohar* I, 245a, und II, 43b.
32 *Sohar Chadasch*, Warschau 1885, Bl. 62d.

und vom göttlichen Denken durchaus ineinander verschränken. Es gibt einen Willen, der höchstes Denken ist, aber auch einen Willen, der aus diesem Denken hervorsteigt. Wenn an der eben angeführten Stelle nur die Rede von »einem« Willen ist, so beweisen andere Ausführungen, daß wirklich auch der höchste Wille und das höchste Denken als äquivalent betrachtet werden und an verschiedenen Stellen füreinander einstehen können. Freilich überwiegt die Bestimmung des Willens an der obersten Stelle. Es fehlt aber nicht an einer deutlichen Fixierung des höchsten *Maḥschaba* an dieser Stelle: »Jenes Licht, aus dem das höchste Denken aufleuchtet, von dem es aber selber keinerlei Erkenntnis hat, heißt *En-sof*« (II, 269a). Diese Transzendenz des *En-sof* sogar den von ihm ausstrahlenden Lichtern gegenüber entspricht ganz der neuplatonischen Tradition, wie wir sie oben kennengelernt haben und die im Mittelalter, gerade in diesem Punkt, sehr nachdrücklich durch das *liber de causis*[33] vertreten war. Wohl aber sagt der Autor des *Sohar*, daß diese Lichter, das heißt die Sefiroth selber, wenn sie auch *En-sof* nicht zu erfassen imstande sind, in einem Prozeß mystischer Erkenntnisart, der »Erfassen und doch nicht Erfassen« heißt, den Willen erfassen können (II, 239a). So kann jedenfalls kein Zweifel sein, daß die letzte Realität, *En-sof*, über dem Willen und dem Denken steht, das aber in seiner Beziehung zu diesen höchsten Attributen sich das persönlich biblische und das unpersönlich plotinische Elemente sehr innig durchdringen. Dem entspricht ein Wortspiel, das dem Autor des *Sohar* vorgeschwebt zu haben scheint, nämlich zwischen dem hebräischen *Sibba*, Ursache, und dem aramäischen *Saba*, Greis. Der heilige Alte ist ebensosehr *Saba de-Sabin,* »der Alte der Alten«, als auch *Sibbetha de-Sibbathin,* »Ursache der Ursachen«[34].

An einer wichtigen Stelle des *Sohar*, in der der Aufstieg der Meditation durch die Stufen der Sefiroth beschrieben wird, lesen wir mit Bezug auf die letzten Stadien, die mit der Stufe des »Wer«, des Erfragbaren, einsetzen, das die dritte

---

33 *Liber de causis* § 5. Vgl. zur Geschichte dieser These die Nachweise bei G. Vajda, *Juda ben Nissim ibn Malka*, 1954, S. 64.
34 *Sohar* III, 288b, verglichen mit I, 72b.

Sefira *Bina* ist: »Über diese Stufe hinaus kann keine Betrachtung und Erkenntnis dringen. Warum? Weil [alles, was darüber liegt] im Urgedanken verborgen bleibt. Denn Gottes Denken ist verborgen und geheim, weit über dem Denken des Menschen, so daß nichts in der Welt es erfassen und erkennen kann. Was aus diesem höchsten Denken stammt, kann keiner erfassen, um wieviel weniger das Denken selbst! Und wer gar könnte sich Begriffe von dem machen, was noch innerhalb des Denkens ist? Ist doch [hier] nichts mehr vom Verstand erfragbar, viel weniger noch erkennbar! [Dem entspricht dann der Abstieg von diesem Verborgensten innerhalb des göttlichen Denkens bis zur *Bina* in den nächsten Sätzen.] *En-sof* nämlich ist ohne jede Formung [oder Signatur]. Ihn erreichen weder Fragen noch irgendein Begriff, der aus der denkenden Betrachtung stammt. Aber aus dem Allerverborgensten, aus dem der Abstieg des *En-sof* [zur Schöpfung hin] beginnt, leuchtet ein subtiles Licht noch unverkennbar auf, verborgen im Verborgenen wie eine Nadelspitze. Denn das verborgene Geheimnis des Denkens ist unerkennbar, bis aus ihm ein Licht an einen Ort emaniert, an dem die Urformen aller Buchstaben sind und aus dem sie entspringen« (I, 21a). Hier steht über dem Denken, das die Sophia ist, ein unbenannter Bereich des Allerverborgensten, aus dem der Abstieg des *En-sof* beginnt. Dieser Bereich wäre im Zusammenhang des Vortrags des *Sohar* auf diesen Seiten der Wille oder das Nichts, aus dem die Sophia als ein Urpunkt aufleuchtet. Die Stelle liest sich ganz neuplatonisch-unpersönlich. Der Autor des aramäischen Textes des *Sohar*, Moses de Leon, hat aber in einem hebräischen Buch genau denselben Gedankengang beschrieben oder transkribiert. Und hier ist die Rede nicht von *En-sof,* sondern von dem persönlichen Gott, »Er, gelobt sei sein Name«, der am Anfang aller dieser Vorgänge steht[35].

So dürfen wir abschließend unsere Betrachtungen wohl dahin zusammenfassen, daß in dieser Entwicklung der alten Kabbala die Verbindung einer transzendenten und unpersönlich gedachten höchsten Einheit mit der biblischen Vorstellung der Gottheit dadurch erreicht worden ist, daß die Einheit Gottes

35 Moses de Leon, *Schekel ha-Kodesch,* London 1911, S. 25–26.

als eine dynamische verstanden wurde. Sie findet ihren Ausdruck in einer Idee der Gottheit, die als das absolut Lebendige vorgestellt wird und deren verborgenes Leben als eine Bewegung des Unendlichen aus sich selbst und zu sich selbst gedacht wird[36]. Mit solcher Bestimmung tritt aber der in der Sefirothlehre der Kabbalisten vorliegende Begriff des schöpferischen Gottes in innige Verbindung mit jener neuplatonischen Definition des Weltprozesses, wo alles aus dem Einen hervorgeht und zu dem Einen zurückkehrt. Die Symbole der auf die Bibel zurückgreifenden Theosophie beschreiben den Vorgang in der dialektischen Bewegung dieser Einheit selbst, und damit die Innenseite aller Schöpfung.

---

[36] So hat den Gottesbegriff der Kabbalisten schon Franz Joseph Molitor verstanden; vgl. seine *Philosophie der Geschichte oder Über die Tradition*, Band I (2. Auflage, Münster 1857), S. 396.

Schöpfung aus Nichts
und Selbstverschränkung Gottes

I

Der Begriff einer Schöpfung aus Nichts, also des Schöpferischen schlechthin, bildet eines der großen Themata in der Theologie der monotheistischen Religionen. Ist es doch im Grunde der Sinn jeder anderen Schöpfung, die Welt neu zu machen, wieder herzustellen, das Gestaltlose zur Gestalt zu bringen, *refaire le monde,* um mich einer Formulierung von Mircea Eliade zu bedienen. Der Gedanke der Schöpfung aus Nichts stammt aber aus ganz anderen Bereichen und steht in ausgesprochenem Kontrast gerade zu solcher Vorstellung eines Wiederherstellens und Neumachens der Welt. Philosophen und Psychologen haben sich bemüht, auf verschiedenste Weisen zu definieren und aufzuzeigen, worin eigentlich die Spontaneität des Schöpferischen besteht: wie aus bekannten Elementen in einer rätselhaften »Heteronomie der Zwecke« (um mit Wilhelm Wundt zu sprechen) etwas ganz anderes herausspringt als die Elemente enthielten, aus denen das Schöpferische entsprang. Schöpfung aus Nichts bildet aber das Stichwort für eine Vorstellung, die sich im bewußten, ja provokatorischen Gegensatz zu allen solchen früheren Vorstellungen vom Schöpferischen entwickelt hat. So ist denn der Begriff von Schöpfung in den verschiedenen Bereichen, im mythologischen, im philosophischen und im religiösen Bereich, keineswegs derselbe.

Im großen und ganzen wird man sagen dürfen, daß der Mythos keine Schöpfung aus Nichts kennt. Für ihn ist immer irgendetwas schon vorhanden. Die Schöpfung entsteht aus etwas, einem Urei, dem Meer, dem Flügel des Leviathan, oder sie ist das Resultat einer Liebesvereinigung der Urgötter und dergleichen. Diese Vorstellungen brauchen uns hier nicht zu beschäftigen. Von einer Schöpfung aus Nichts ist, nach Eliade, nur in ganz wenigen, zwei oder drei Ausnahmefällen die Rede, ohne daß dabei schon christliche Vorstellungen, durch Missionare vermittelt, eine Rolle gespielt hätten. Im allgemeinen setzt der Mythos stets ein Chaos voraus, aus dessen Elementen das Werk der Schöpfung gestaltet wird. Der Schöpfungsmythos bleibt beim »Wunder des Anfangs« stehen[1].

Auch die griechische Philosophie hat diesen Gedanken einer Schöpfung aus Nichts nicht gedacht, ja sie konnte ihn von ihren Voraussetzungen her gar nicht denken. Für Plato, Aristoteles und ihre Nachfolger bis Plotin ist dieser Gedanke unvollziehbar. Aus der *Metaphysik* des Aristoteles stammt vielmehr die klassische Formulierung des *nihil ex nihilo fit*[2], die den Gedanken eines absoluten Anfangs ausschließt. Denn für Aristoteles ist die Welt unerschaffen, ohne Anfang und ohne Ende, und wovon die Metaphysik spricht, sind nur die »immanenten Prinzipien eines schon existierenden Etwas«[3]. Es nimmt nicht Wunder, daß diese griechische Auffassung von der Ewigkeit des Kosmos als eines in sich geordneten und vollendeten Ganzen den Punkt bildete, an dem die mittelalterlichen Theologen, die sonst so weitgehend dem Aristoteles folgten, auf große Schwierigkeiten stießen, als sie es unternahmen, den ganz fremden Gedanken einer Schöpfung aus Nichts seiner Ideenwelt einzubauen. Auch der Demiurg des Platonischen *Timaios* schafft nicht aus Nichts. Stets ist die Materie, die Hyle, als das Unerschaffene da, das er im Hinblick auf die Welt der Ideen bewältigt. Der unbewegte Beweger, als den Aristoteles Gott erfaßt, und der Gestalter der ungestalteten Materie, als den ihn Plato kennt – sie beide haben nichts von der Natur eines Gottes, der seine Welt aus dem Nichts hervorruft. Auch das Nichtsein der Materie, wie wir es etwa aus der griechischen Philosophie her kennen, ist kein Nichts im strikten Sinne der Schöpfung aus Nichts. Es ist vielmehr ein Noch-nicht-geformt-Sein, ein privatives Element, wie es in der Aristotelischen Lehre von der Steresis am schärfsten gefaßt wird. Auch für Plotin, dem das griechische Denken seine letzte große Gestaltung verdankt,

---

[1] Hermann Cohen, *Religion der Vernunft aus den Quellen des Judentums*, 2. Auflage, 1929, S. 78.
[2] *Metaphysik* IV, 5 (1009 a 31).
[3] Karl Löwith, *Wissen, Glaube und Skepsis*, 1956, S. 78.

gibt es keine Schöpfung im eigentlichen Sinne. In einem ewigen, anfangslosen Prozeß fließt das Sein aller Dinge aus dem überquellenden Seinsgrunde des Einen, nicht aus einem freien Willensakt der göttlichen Persönlichkeit (von der Plotin nichts weiß), sondern aus dem notwendigen Emanationsprozeß heraus. Das Eine kann gar nicht anders als emanieren, niederes Sein ausströmen[4]. Auch hier hat sich die Idee der Schöpfung aus Nichts später mit den griechischen Denkmotiven in mannigfacher Weise verknüpft. Man wird sagen dürfen, daß die Auseinandersetzung der religiösen Denker der monotheistischen Religionen mit der griechischen Philosophie zu einem großen Teil genau um diese Achse herum erfolgt ist, indem nun versucht wurde, die neue Lehre in das alte Erbe, dessen Gegenpol sie darstellt, einzubauen.

Die Rede von »Schöpfung aus Nichts« ist spät. Als Lehre ist sie in den klassischen Urkunden der monotheistischen Offenbarungsreligionen noch gar nicht gegeben. Auf diesen Sachverhalt wird im folgenden noch zurückzukommen und einiges darüber zu sagen sein, wie es sich mit der Stellung der Bibel im Aufkommen dieser Lehre verhält. Wenn wir aber von den so allgemein rezipierten Formeln selber ausgehen, so müssen wir uns fragen: was eigentlich verstehen die monotheistischen Religionen, Judentum, Christentum, Islam, darunter? In allen gilt die Lehre von der Schöpfung aus Nichts später als die rezipierte Grundlehre der offiziellen Theologie. Es wäre ein großer Irrtum – der freilich in der Literatur weit verbreitet ist –, anzunehmen, daß es sich hier um eine spezifisch christliche Lehre handelt. Die Formel hat ihren Ursprung im Judentum und ist in allen drei Religionen von den »orthodoxen« Theologen gleicherweise in ihrer fundamentalen Absicht durchdacht worden.

Die Rede von der Schöpfung aus Nichts ist für sie der Ausdruck der absoluten Freiheit des Schöpfers, der imstande ist, ein Sein zu setzen, das nicht er selber ist. Gott vermag, was keinem menschlichen oder angelischen Wesen vergönnt ist: Er schafft aus dem reinen Nichts. Seine Freiheit, die zugleich seine vollständige Autarkie ist, sein Auf-sich-selbst-allein-gestellt-Sein, erlaubt ihm, »das Nichts anzurufen«, wie Salomo

[4] Siehe dazu das im vorigen Kapitel Gesagte.

ibn Gabirol im 11. Jahrhundert in seinem hebräischen Gedicht *Die Königskrone* sagt, und aus ihm das Sein hervorzurufen. Dieser Anruf ins Nichts hinein ist aber keine Materie der Schöpfung; nicht *aus* dem Worte, sondern *durch* das Wort wird geschaffen, wie die korrekte Formulierung der Idee lautet. Die Freiheit des Schöpfers, wie sie die Theologen des nachbiblischen Monotheismus verstanden, äußert sich eben darin, daß er durch nichts bedingt ist, keine Urmaterie, wie immer gestaltlos gedacht sie sei, wie immer sie auf irgendein noch so geringes Minimum von Sein reduziert sein mag, steht etwa neben ihm und bedingt den Prozeß, in dem er sie bewältigt und gestaltet. Die Schöpfung des Mythos bewältigt in der Gestaltung. Die Schöpfung aus Nichts bewältigt nichts. In souveräner Freiheit ruft sie etwas hervor, was nicht Gott selber ist und auch nicht aus der göttlichen Substanz selber hervorgeht oder, um die Definition des 1. Vatikanischen Konzils hier als klassische Formulierung dieser Lehre heranzuziehen: die Schöpfung »ist der freie göttliche Akt, durch den Gott alle Dinge, die geistigen wie die körperlichen, ihrer ganzen Substanz nach aus dem Nichts hervorgebracht hat«. Dabei wird weder etwas Erschaffenes noch Unerschaffenes als Materie solchen Schaffens vorausgesetzt. Die jüdischen und christlichen Theologen des Mittelalters berufen sich gleicherweise auf eine Erklärung des hebräischen Wortes für Schaffen, *bara*, das im ersten Vers der Bibel benutzt wird und das ihr zufolge eben Schaffen aus Nichts bedeute. *Creare est aliquid ex nihilo facere*, sagt Thomas von Aquin in einer aus den *Glossen* des Beda genommenen Formulierung[5], die ihrerseits sich aber auf jüdische Überlieferung über den Sinn des hebräischen Verbums berief. Und nicht anders lesen wir es in der Tat bei den großen jüdischen Exegeten des Mittelalters, wie etwa bei Abraham ibn Esra und seinen Nachfolgern. Alles andere Schaffen ist nur ein Herstellen, ein Ausarbeiten, aber allein der in der absoluten Freiheit tätige Gott schafft aus Nichts[6].

5 *Summa Theologiae* I, Quaestio 45 a, 1.
6 So definiert z. B. Samson Raphael Hirsch, der bekannteste jüdische Bibelkommentator des 19. Jahrhunderts in deutscher Sprache, den Satz von der Schöpfung aus Nichts: »Alles, Stoff und Form, alles Seiende ist

Gott in diesem Sinne ist absolute Ursache der Welt. Er hat sie weder aus dem eigenen Wesen, und in diesem Sinne aus sich selbst, noch aus irgend etwas anderem als aus einer vorhandenen Materie hervorgebracht – eine Auffassung, die in der katholischen Kirche in betontem Gegensatz zu der immanenten Produktion des Sohnes hervorgehoben wurde, welch letzterer ja nach dem kirchlichen *Bekenntnis von Nicäa* nicht etwa aus Nichts, sondern aus dem Wesen des Vaters selbst gezeugt – und nicht erschaffen – ist. Freilich hat sich solche orthodoxe Auffassung der Trinität als eines der Schöpfung gegenüber selbständigen Prozesses in Gott nur unter großen Kämpfen durchsetzen können. Viele der Kirchenväter bis auf Arius und nach ihm haben die Meinung vertreten, daß auch der Sohn als die erste Schöpfung des Vaters selber aus dem Nichts entstanden sei – eine radikalere Auffassung, die der trinitarischen Spekulation den Lebensatem zu rauben drohte und sie auf die unitarische, jüdische Konzeption zurückzuführen angetan war, wenn man den Polemikern gegen den Arianismus glauben darf.

Die Wendung »Schöpfung aus Nichts« verdient noch in einem andern Sinn nähere Betrachtung. Über das absolute Entstandensein der Welt, die Leugnung der Aristotelischen Weltewigkeit hinaus besagt »aus Nichts« nicht etwa, daß das Nichts, von dem die Theologie lehrt, eine materielle Ursache der Schöpfung sei. Das Nichts im ursprünglichen Verstande dieser Formel bestreitet vielmehr, daß eine solche materielle Ursache der Schöpfung überhaupt existiert. Besonders die islamische und die katholische Theologie des Mittelalters haben viel Anstrengung darauf verwandt nachzuweisen, daß Gott Ursache der Welt in jedem anderen, von der philosophischen Spekulation über die verschiedenen Arten von Ursachen stipulierten Sinn sei – als wirkende Ursache, als Zweckursache, als formative oder urbildliche Ursache –, außer eben in dem einen Sinn einer materiellen Ursache. Es macht die

---

aus dem *freien* allmächtigen Schöpferwillen hervorgegangen. *Frei* steht und waltet noch heute der Schöpfer über Stoff und Form aller Wesen, über die Kräfte, die im Stoffe wirken, über die Gesetze, nach welchen sie wirken, und über die Formen, die sie gestalten« (im Torakommentar zu *Genesis* 1:1).

innere Geschichte der Vorstellungen von der Schöpfung aus Nichts aus, daß es den Theologen nicht immer gelungen ist, diese Auffassung auszuschließen, und wir werden sehen, wie es gerade diese »verbotene« Auffassung des »Aus Nichts« ist, die bei so vielen Mystikern sich wieder durchgesetzt hat.

Kompliziert wurde diese Auffasung von der Schöpfung aus dem Nichts als dem Gegensatz und der schlechthinnigen Verneinung alles Seienden, als die Spekulationen über den göttlichen Willen hinzutraten. Durch seinen Willen hat, wie schon Augustin mehrfach betont, Gott die Welt aus dem Nichts geschaffen. Hierbei wurde der Wille mit Gott, seinem Sein und seiner Kraft als in der göttlichen Substanz vereinigt, ja identisch betrachtet. Aber nicht in allen Systemen der monotheistischen Theologien ist diese Identität des Willens mit Gott selber aufrechterhalten geblieben. Nehmen wir etwa das Beispiel des jüdischen Neuplatonikers Salomo ibn Gabirol (11. Jahrhundert), des einflußreichsten jüdischen Vertreters einer Willensmetaphysik im Judentum[7], so sagt er zwar einerseits, daß das Machen des »ersten Machers« – *factor primus*, sein ständiger Ausdruck für Gott, der einer Richtung der islamischen Theologie entnommen ist – eben darin besteht, »etwas aus Nichts zu schaffen«. Zugleich vertritt er aber auch die These, daß die Schöpfung aller Dinge durch den Schöpfer eben den Hervorgang der Form aus ihrem ersten Ursprung, welches der Wille ist, und dessen Influx auf die Materie darstellt[8]. Hier ist es also die Form, die aus dem Willen auf die Materie einfließt, die ihrerseits nicht dem Willen Gottes, sondern seinem Wesen entsprang. Trotz der orthodoxen Phraseologie kündigt sich hier eine andere Auffassung an, die das Nichts in Gottes Willen selber etwa gründen lassen konnte. Während Augustins Formel einen klaren Widerspruch gegen die Plotinische Theorie vom Ausfluß aller Dinge aus Gott darstellt, hat Gabirol, der Plotin weitgehend in seinen Grundvoraussetzungen folgt, eine

---

[7] Zur christlichen Willensmetaphysik vgl. E. Benz, *Marius Victorinus und die abendländische Willensmetaphysik*, 1932; dort S. 396 auch über das Problem der Schöpfung aus Nichts.
[8] Gabirol, *Fons Vitae*, ed. Bäumker III, 3; III, 25 und V, 41.

Quelle benutzt, die schon eine Vermittlung zwischen Plotin und dem Monotheismus anstrebte. Wir werden auf diese Quelle noch zu sprechen kommen.

Augustin deutet im *Gottesstaat* diesen göttlichen Willen zur Weltschöpfung als einen ewigen, die Schöpfung also, obwohl sie einen zeitlichen Anfang aus dem Nichts hat, als eine sich immer wieder erneuernde. Christentum und Judentum wissen von solchem kontinuierlichen Hervorgang des Etwas aus dem Nichts, um es in den Worten der alten jüdischen Liturgie, die noch älter ist als Augustin, auszudrücken: Gott »erneuert an jedem Tage das Werk der Schöpfung«. Hierbei mußte notwendigerweise die Frage entstehen, in welchem Sinne eine solche fortdauernde Schöpfung wirklich als eine aus dem Nichts verstanden werden konnte – eine Frage, auf die am Ende zurückzukommen sein wird.

Das Paradox im Begriff einer Schöpfung aus Nichts ist auch durch die Formel gegeben, die Thomas von Aquin benutzt, wenn er die Schöpfung als ein Wirken Gottes nach außen, *operatio dei ad extra,* definiert. Gott vervollkommnet nicht etwa in der Schöpfung, was in seinem eigenen Wesen schon angelegt wäre, sondern bringt etwas hervor, was außerhalb dieses Wesens liegt. Dies aber ist eben der kritische Punkt. Denn wie soll der Gedanke vollziehbar sein, daß außerhalb der göttlichen Substanz, die in sich das vollendete Sein, *ens purissimum,* darstellt, noch ein unvollkommenes und geschöpfliches Sein existieren kann, sobald einmal der Gedanke der Vollkommenheit des göttlichen Wesens ernst genommen wird? So erweist sich hier die Rede von der Schöpfung aus Nichts sofort als eine paradoxe, radikale Losung. Gott hat die Freiheit, ein Sein hervorzurufen, das nicht er selber ist. Was könnte paradoxer sein als dies? Denn wie kann, wenn es Gott gibt, es irgendein Sein geben, das nicht in ihm selber enthalten sei? Aber die Losung von der Schöpfung aus Nichts scheint eben gerade von vornherein darauf angelegt zu sein, eine solche Allumfassung des Seins in Gott selbst, eine pantheistische Wendung des Schöpfungsbegriffes, auszuschließen. Und das ist jedenfalls, was sich die sublime Dialektik des islamischen Kalām nicht anders als die jüdischen Theologen Saadja und Maimonides sowie die scholastische Theologie zu erreichen vorgenommen haben: die Sicherung der biblischen Botschaft von der Schöpfung – gegen alle pantheistische Grenzverwischung.

2

Nun ist es aber keineswegs selbstverständlich, daß die biblischen Urkunden von einer Schöpfung aus Nichts sprechen[9]. Der Ausdruck erscheint nirgends, weder in der hebräischen Bibel noch im griechischen Neuen Testament. Man muß nur die großen katholischen Dogmatiken studieren, um zu sehen, wie verzweifelt schwer der sogenannte Schriftbeweis für diese Lehre in Wirklichkeit fiel und welches Unmaß exegetischer Sophismen dafür aufgewandt werden mußte[10]. Es ist in diesem Zusammenhang interessant, daß es zuerst die Sozinianer, die ersten Rationalisten und radikalen Kritiker der Theologie im 16. Jahrhundert, waren, die den seinerzeit beträchtlichen Mut aufbrachten zu erklären, daß die Lehre von der Schöpfung aus Nichts kein genügendes Fundament in der Schrift habe und kein wesentliches Dogma des Christentums bilde.

Wie ist diese Formel eigentlich entstanden? Um das zu verstehen, ist es gut, sich zu vergegenwärtigen, daß nicht nur in der Bibel nirgends von einem Nichts die Rede ist, aus dem Gott geschaffen hätte, sondern daß auch der Text, vielleicht die Texte, die die Formel im überlieferten Sinne geprägt haben oder sie jedenfalls zuerst benutzten, keineswegs so eindeutig sind, wie die stolzen Ausführungen der Theologen es vermuten lassen möchten. Schon Harry Wolfson hat in einer instruktiven kurzen Arbeit *The Meaning of Ex Nihilo in the Churchfathers, Arabic and Hebrew Philosophy and St. Tho-*

---

[9] Darüber hat zuerst ebenso gelehrt wie aufschlußreich der Calvinist de Beausobre in seiner *Histoire de Manichée et du Manichéisme* vol. II, 1739, S. 182–219, gehandelt, dessen Ausführungen noch heute lesenswert sind.
[10] Überaus instruktiv ist in jeder Hinsicht noch immer (auch in ihren Polemiken) die große *Dogmatische Theologie* von J. B. Heinrich, vol. V, S. 15–82; 257–261. Viel gewundener und vorsichtiger, aber auch undeutlicher drückt sich Michael Schmaus, *Katholische Dogmatik*, vol. II, 1941, S. 4–14 aus.

mas[11] darauf hingewiesen, daß das griechische Wort für das Nichtseiende, τὸ μὴ ὄν, das in diesem Zusammenhang meistens gebraucht wird und im Lateinischen dann mit *nihil* übersetzt wird, durchaus keine eindeutige Bestimmung im Sinne der Theologen bedeutet. Denn auch für manche der Philosophen, etwa die Platoniker, konnte die Hyle, die Urmaterie, als etwas Nichtseiendes bezeichnet werden. Ob das Nichtseiende ein wirkliches Nichts, μηδέν, oder aber ein Etwas ist, das noch keine nähere Bestimmung erfahren hat, darüber konnten verschiedene Meinungen aufkommen, je nachdem man mehr nach der Aristotelischen oder Platonischen Seite neigte.

Schon die griechische Übersetzung der hebräischen Bibel übersetzt in der Tat an einer Stelle in *Jeremia* 4:23 den Ausdruck *Tohuwabohu,* der das Ungeordnete, Chaotische bezeichnet, mit einem griechischen Ausdruck für das Nichtseiende, οὐθέν. Dies zeigt, wie wenig die Begriffe und der Sprachgebrauch am Anfang noch geklärt waren. Andererseits schwankt auch die rabbinische Aggada in ihren Ausführungen über die Urschöpfung, indem mehrere ihrer Sprecher an vielen Stellen zwar betonten, daß Gott keinerlei Stoffe, die er etwa bearbeitet hätte, vorgefunden habe, andere aggadische Autoritäten aber die Möglichkeit offen lassen, daß das Licht, das Gott seit je umstrahlt habe wie ein Mantel, selbst der Urstoff der Schöpfung sei. Und es war in der jüdischen Tradition von jeher fraglich und umstritten, ob in der Tat dieses Licht als erschaffen oder unerschaffen anzusehen sei[12]. Daß solche Fragestellungen etwa im 2. Jahrhundert eine Rolle spielten, zeigt auch die talmudische Erzählung von der Diskussion des Rabban Gamliel mit einem nichtjüdischen Philo-

---

11 *Mediaeval Studies in Honor of Jeremiah Denis Ford,* Cambridge (Mass.) 1948, S. 355–370. Vgl. auch das Kapitel *Schöpfung aus Nichts* in A. Schmiedl, *Studien zur jüdischen Religionsphilosophie,* 1869, S. 89–128.
12 Hierüber hat am besten V. Aptowitzer in seiner hebräischen Arbeit *Haggada-Studien* gehandelt, in: Bitzaron, *The Hebrew Monthly of America,* vol. XI, 1944, S. 105–112, 195–203. Vgl. auch Aptowitzers deutschen Aufsatz *Licht als Urstoff,* in: *Monatsschrift für Geschichte und Wissenschaft des Judentums* (MGWJ), Band 72, 1928, S. 366–370, sowie Alexander Altmann, *A Note on the Rabbinic Doctrine of Creation,* in: *Journal of Jewish Studies,* VII, 1956, S. 195–206.

sophen, der zu ihm sagte: »In der Tat war euer Gott ein großer Bildner. Aber er fand auch beträchtliche Ingredienzien vor, die ihm halfen, wie das Tohuwabohu, die Finsternis, die Wasser, den Wind und den Abgrund, und aus ihnen machte er, was er machte.«[13] In der Tat ist ja der zweite Vers des 1. Kapitels der Genesis, der diese »Ingredienzien« aufführt, recht verschiedener Interpretationen fähig.

Aber nicht nur in Polemiken, sondern auch in den Vorstellungen der Aggadisten selber fanden, wie gesagt, Vorstellungen Platz, die von einer Schöpfung aus Nichts beträchtlich abweichen. In einem aggadischen Werk, den *Kapiteln des Rabbi Elieser (Pirke de-Rabbi Elieser)*, die der »orthodoxen« Theologie des jüdischen Mittelalters viel Kopfzerbrechen verursacht haben, heißt es (Kap. 3): »Woher sind die Himmel erschaffen worden? Aus dem Licht des Gewandes, in das Er gekleidet war. Er nahm es und dehnte es wie ein Gewand und sie [die Himmel] begannen sich stetig auszubreiten. [...] Woher wissen wir das? Weil es heißt [Psalm 104:2]: Der Licht umnimmt wie ein Gewand, die Himmel dehnt wie einen Vorhang.« Dies läßt der Vorstellung Platz, daß das Licht selber unerschaffen und eine Art Urmaterie sei. Andere Aggadisten freilich drückten sich vorsichtiger aus. »Rabbi Simeon fragte den Rabbi Samuel ben Nachman: Da ich gehört habe, daß Du ein Meister der Aggada bist, so sage mir, woher das Licht geschaffen wurde. Rabbi Samuel sagte: Der Heilige, gelobt sei Er, hüllte sich in ein weißes Gewand und der Glanz seiner Glorie schien von einem Ende der Welt bis zum andern.«[14] Solche Formulierungen lassen erkennen, daß eine wirklich eindeutige Bestimmung der Schöpfung als einer Schöpfung aus Nichts noch nicht überall durchgedrungen war.

Auch der hebräische Text im 2. Kapitel des *Buches von der Schöpfung, Sefer Jezira*, wo die hebräische Terminologie von

13 *Bereschith rabba* I § 9, ed. Theodor, S. 8.
14 Ibid. S. 19–20 und die zahlreichen Parallelstellen bei Theodor. Die Vorstellung von einem solchen Gewand Gottes spielt in der ältesten jüdischen Esoterik, der Merkabah-Mystik, eine wichtige Rolle. Auch dort bleibt der Ursprung dieses Gewandes unerklärt. Vgl. dazu in meinem Buch *Jewish Gnosticism, Merkabah Mysticism, and Talmudic Tradition*, 1965, S. 57–64.

Etwas und Nichts zuerst auftritt, war keineswegs so eindeutig, wie ihn dann die jüdischen Theologen verstanden. Sie verstanden den entsprechenden hebräischen Satz als: »Er macht das Nichts zu einem Etwas«, obwohl es auch heißen könnte, »das Nichtseiende zu einem Seienden«, und diese Interpretation wird sogar durch die vorhergehenden Worte eher gestützt, wo es nämlich heißt: »Er gestaltete aus dem Tohu das Wirkliche [was hier sowohl das Seiende als auch das Existierende bedeuten kann] und machte Was-Nicht-Ist zum Was-Ist.« Diese wörtliche Übersetzung des ältesten hebräischen Textes (wohl aus dem 2. bis 4. Jahrhundert), der von der Schöpfung des Etwas aus dem Nichts zu sprechen scheint, beweist, wie schwankend die Formel noch war, konnte doch der Autor dieses Satzes das Tohu, das heißt also das Chaos, noch ebenso mit dem Nichtseienden selber identifiziert haben, wie es die *Septuaginta* mindestens an der oben erwähnten Stelle tat. Zudem entspricht die hebräische Formulierung dieses ältesten spekulativen Textes in hebräischer Sprache sehr genau der Formulierung Philos von Alexandrien in der ersten Hälfte des 1. Jahrhunderts, der Gottes Tätigkeit bei der Schöpfung so bestimmt: »Denn das Nichtseiende rief er ins Sein, indem er Ordnung aus Unordnung, aus dem Eigenschaftslosen bestimmte Eigenschaften, aus dem Unähnlichen Ähnlichkeiten, aus den Verschiedenheiten Identitäten, [...] aus dem Dunkel Licht schaffte.«[15] Solche und ähnliche Formulierungen im Geiste der platonischen Philosophie boten sich freilich ohne große Schwierigkeit der Umdeutung in die Terminologie der Schöpfung aus Nichts an, wie sie dann noch im vorchristlichen Judentum erfolgt ist. Darüber hinaus wird noch darzulegen sein, daß gerade die hebräische Formulierung dieses in der jüdischen Literatur oft zitierten Satzes aus dem *Buch von der Schöpfung* so merkwürdig ist, daß sie den Mystikern des Judentums einen wunderbaren Anhalts-

---

15 Vgl. hierzu die sehr einsichtigen Ausführungen bei Clemens Bäumker, *Das Problem der Materie in der Griechischen Philosophie*, 1890, S. 382 bis 385, der überzeugend bewiesen hat, daß die entsprechenden Stellen bei Philo noch keine dogmatische Formulierung einer *creatio ex nihilo* darstellen, sondern gerade in dem platonischen Begriff der unerschaffenen Hyle als des Nichtseienden wurzeln. Die angeführte Stelle ist aus *de creat. principium* 7.

punkt für ihre radikalisierende Umdeutung der Schöpfung aus Nichts gab.

Nicht viel weniger zwielichtig steht es auch mit dem ältesten jüdischen Text, der in der christlichen Kirche dann stets als *locus classicus* für die Schöpfung aus Nichts angeführt wurde. Dies ist ein Passus in dem aus dem Ende des 2. oder Anfang des 1. vorchristlichen Jahrhunderts stammenden 2. *Makkabäerbuch*. Der Autor dieses Buches war gewiß kein in der griechischen Philosophie so heimischer Geist wie Philo, und seine Formulierung konnte naiver gemeint sein, oder von seinen Lesern naiver verstanden werden, als wir für einen Autor wie Philo voraussetzen müssen. Jedenfalls verleugnet dieser Passus seine griechischen Ursprünge nicht. Dort heißt es (7:28) in der Rede der Mutter an ihre Kinder, die das Martyrium erleiden sollen: »Wisset, nicht aus Seiendem οὐκ ἐξ ὄντων, hat er Himmel und Erde gemacht.« Diese beste Lesart des Textes ist sogar noch um eine Nuance vorsichtiger als die später rezipierte Lesart »aus Nichtseiendem«, ἐξ οὐκ ὄντων. Dies ist der Passus, den die erste im 5. Jahrhundert angefertigte lateinische Übersetzung dieses Apokryphons mit *ex nihilo fecit illa* (nämlich: Himmel und Erde) wiedergibt.[16] Die lateinische Übersetzung ist ihrem Sinne nach radikalisierend, und wir haben keinen sicheren Beweis dafür, daß der griechisch-jüdische Schriftsteller Jason von Kyrene, aus dessen Werk diese Rede stammen dürfte, mit dieser Formel wirklich den Sinn verband, den sie dann für Augustin im Christentum oder für Saadja im Judentum hatte. Ausgeschlossen ist es freilich nicht: Das Nichtseiende mag ein reines Nichts sein, aber ebensogut wie in den oben besprochenen Texten auch etwas Chaotisches.

Wahr ist jedenfalls, daß in der Generation vor dem Hochkommen des Christentums diese Vorstellung von der freien Schöpfung, der keinerlei Urstoff voranging, im Judentum und von dort aus dann im Christentum weite Verbreitung gefunden hat, wo sie Paulus im *Römerbrief* (4:17) bei seinen Lesern als selbstverständlich vorauszusetzen scheint. Paulus freilich spricht nicht von der Schöpfung, sondern gerade von der Eschatologie, wobei er ausführt, daß der Gott, der die

16 Vgl. dazu F. M. Abel, *Les livres des Maccabées*, Paris 1949, S. 378.

Toten erweckt, »auch die Nichtseienden [Dinge] als Seiende aufruft«. Es scheint dabei, als ob Paulus eine aus anderem Zusammenhang stammende Formel in seine Ausführungen über den Glauben Abrahams einspannt. Ganz ähnlich ist die hier nun direkt auf die Schöpfung bezogene Formulierung in dem meistens als gut katholisch betrachteten *Hirten des Hermas* (frühes 2. Jahrhundert?). Gleich am Anfang des Buches spricht der Visionär von dem Gott, der in den Himmeln wohnt, und – dem griechischen Text nach – »aus dem Nichtseienden das Seiende geschaffen hat«, während es im Lateinischen heißt: »und aus dem Nichts geschaffen hat, was da ist«[17].

Erst auf diesem Hintergrund hat sich sowohl in der Polemik der Talmudisten gegen den Paganismus und seinen Mythos als auch in der Polemik der Kirchenväter gegen das griechische Denken die hier eingangs präzisierte Auffassung von der Schöpfung aus Nichts durchgesetzt. Ob man dabei so weit gehen kann, in der Prägung der Formel von der *creatio ex nihilo* ein bewußtes Gegenstück zur philosophischen Formel *nihil ex nihilo fit* zu sehen, wie hier und da angenommen worden ist[18], scheint mir nicht ausgemacht. Nicht einmal ein so hochgebildeter Geist wie Origenes, der sich übrigens auch nur auf die zwei erwähnten Stellen im *Makkabäerbuch* und dem *Hirten des Hermas* beruft, weiß schon von einer festen Losung »Schöpfung aus Nichts«, obwohl er die Sache selbst, nicht anders als die meisten jüdischen Rabbiner seiner Zeit, vertritt. Sogar Moses Maimonides, der die Schöpfung aus Nichts in seinem *Führer der Verwirrten* mit größtem Nachdruck behauptet und verteidigt[19], gesteht, daß es für das Verständnis gewisser Bibelstellen viel einfacher wäre, wenn diese Lehre nicht in ihrem vollen, radikalen Verstande ange-

---

17 Neuerdings ist auch die Hypothese vertreten worden, der *Hirt des Hermas*, in dem der Name Jesu nie vorkommt, sei gar kein christliches Werk, sondern gehöre der Literatur der jüdischen Sekte der Essäer an und sei in eine Linie mit den neuentdeckten Texten vom Toten Meer zu stellen, vgl. A. Powell Davies, *The Meaning of the Dead Sea Scrolls*, 1956, S. 106. Zu glauben vermag ich an diese Hypothese freilich nicht.
18 So etwa bei Erich Frank, *Philosophische Erkenntnis und religiöse Wahrheit*, 1949, S. 144.
19 *Moreh Nebhochim* II, 13, 26–27 und II, 30.

nommen werden müßte[20]. Josef Albo, einer der bedeutendsten Dogmatiker des mittelalterlichen Judentums, statuiert ausdrücklich, daß auch, wer die Schöpfung aus Nichts leugne, weil er die entscheidenden biblischen Stellen anders versteht, noch immer zu den »Weisen und Frommen Israels« gehören könne, mit andern Worten, daß die Leugnung dieser These keine Ketzerei darstelle[21].

Zugleich mit der allgemeinen Rezeption der Formel von der freien Schöpfung aus Nichts setzt aber der Prozeß ihrer mystischen Umdeutung ein. Es ist in der Tat sehr merkwürdig und gibt zu denken, daß wir in allen drei monotheistischen Religionen im Lauf ihrer vollen Ausbildung dem gleichen Phänomen begegnen, der gleichen Reaktion auf jene paradoxe Forderung des Glaubens an die Schöpfung aus Nichts als einer Losung, welche die wahre Freiheit Gottes in seiner Aktion definiert. Die kühne Umdeutung der alten These, von der hier zu sprechen ist, wobei der Wortlaut der Formel »aus Nichts« gewahrt wird, wenn auch unter gleichzeitiger Umstülpung ihres Gehaltes, legt wiederum die Frage nahe: ist sie und die darin sich ankündigende Reaktion bei so vielen mittelalterlichen Esoterikern und Mystikern durch eine Verwandtschaft in der Struktur ihres Denkens bedingt, oder haben wir es hier eher mit historisch untereinander zusammenhängenden Erscheinungen zu tun? Ist es zufällige oder *strukturell* gleichartige Entwicklung von innen oder aber *historische* Abhängigkeit, welche die Geschichte der Umdeutung dieser These in jenen Kreisen auf so verblüffend ähnliche, um nicht zu sagen identische Weise bedingt hat? Was drängte so viele Mystiker zu dieser radikalen Umdeutung der von den Dogmatikern vertretenen These? Hängt sie damit zusammen, daß die Mystiken der großen Religionen in gewissem Umfang und in mancher Beziehung, wenn auch nicht ausschließlich, eine Wiederaufnahme mythischer Motive in Metamorphosen darstellen, wie sie das originelle Denken der Mystiker hervorgebracht hat? Ich neige zu dieser Auffassung[22]. Wir haben es auch in diesem Fall wohl mit der

20 Ibid. II, Anfang von Kap. 25.
21 Josef Albo, *Sefer 'Ikkarim* I, 2.
22 Ich habe diese Auffassung von dem dialektischen Zusammenhang

Wiederaufnahme des von der Lehre von der Schöpfung aus Nichts unterdrückten monistischen Einheitsverständnisses zu tun. Ist es doch gerade die Lehre von der Schöpfung aus Nichts, die im *Widerspruch* zu solchem noch in der mythischen Welt verankerten Einheitsverständnis konzipiert ist.

Ob aber die hier aufgeworfene Frage eindeutig beantwortet werden kann, scheint mir ungewiß. Unabhängig von historischen Querverbindungen mag hier ein einheitlicher Prozeß vorliegen, welcher aus sich selbst heraus die Problematik der Schöpfung aus Nichts bis zu einem weiteren Paradox vorgetrieben hat, zu immer weiteren Kühnheiten des Denkens. Es ist aber keineswegs von der Hand zu weisen, daß, wenn auch für uns noch nicht exakt erfaßbar, hier eine historische Filiation zwischen den für solche Untersuchung in Betracht kommenden Quellen besteht. Es ist jene so oft auftauchende Dichotomie zwischen struktureller und historischer Erklärung, die sich auch hier wieder geltend macht. Die Philosophen wie die Erzähler der Mythen wissen es nicht anders, als daß aus Nichts nichts werden kann. Die Theologen wissen genau das Gegenteil. Es gab zwei Möglichkeiten, diesen Widerspruch auszugleichen. Die eine bestand darin, die Schöpfung aus Nichts philosophisch zu deduzieren, wie das etwa in subtiler Dialektik zuerst Johannes Philoponos im 6. Jahrhundert unternommen hat, und später im 9. Jahrhundert der islamische Philosoph Al-Kindi[23]. Die zweite bestand darin, die Lehre in ihr Gegenteil umzudeuten. Beides waren unleugbar verwegene Unternehmen. Wie verwegen das erste war, das uns hier nicht zu beschäftigen braucht, zeigt sich deutlich in der verächtlichen Antikritik des Neuplatonikers Simplicius gegen Philoponos. Wie kühn das zweite war, wird im folgenden dargelegt werden. Das Instrument der dabei auftretenden Umdeutung, in der sich eine ganz neue Auffassung durchsetzt, ist das, was ich das produktive Mißverständnis nennen möchte. Was dem Mystiker eine tiefe Intuition, ein großes Symbol ist, erscheint unter dem nüchternen Blick des

---

zwischen Mythos und Mystik in meinem Buch *Die jüdische Mystik*, 1957, ausführlicher zu begründen und zu belegen versucht.
23 sowie Richard Walzer, *Creation from Nothing in Al-Kindi's Philosophical Writings,* in: Oriens X, 1957, S. 215–224.

Historikers der Begriffe – oder gar des Philosophen – als ein Mißverständnis philosophischer Konzeptionen. Aber gerade im Mißverständnis erweisen solche Konzeptionen in der Religionsgeschichte ihr produktives Wesen und sichern, freilich um den Preis ihrer Fragwürdigkeit, die Kontinuität der religiösen Sprachwelt.

3

Diese Umdeutung der Schöpfung aus Nichts, die ich in einigen ihrer wesentlichsten Erscheinungen und Stadien verfolgen will, zeigt die Faszination der Mystiker durch ein paradoxes Symbol der Fülle. Die Schöpfung aus Nichts, wie sie immer wieder in mystischen Traditionen auftaucht, ist die Schöpfung aus Gott selbst. Es ist genau das, was die Lehre aller Orthodoxien auszuschließen schien. Das Nichts, das die Schöpfung bedingt, das ist er selbst. Die Freiheit, aus der er schafft, bezieht sich auf ihn selbst und nicht auf etwas, was außerhalb von ihm liegt. Das Nichts der Philosophen, das Nichtseiende, wird im radikalen Anruf zum substantiellen Nichts, zum Nichts des Überseins Gottes. Manchmal werden dabei Gott und sein Nichts als zwei Aspekte seines eigenen Wesens aufgestellt, und manchmal werden beide unter *einer* tief häretischen, ganz von unten her Mythisches aufrufenden Perspektive gesehen.

Die Vorstellung, daß Gott das Nichts sei, ist gewiß eine der paradoxesten Formulierungen der mystischen Einsicht in Gott. Sie ist dem orthodoxen, dogmatischen Denken begreiflicherweise anstößig und verdächtig, und es nimmt nicht wunder, daß die Mystiker dieses kühne Symbol dadurch annehmbarer zu machen suchten, daß sie es in großer Bescheidenheit als bloße Metapher erklärten. Aber dem Mystiker lag nicht so viel an der uneigentlichen Metaphorik, sondern an dem Bild von der Schöpfung aus Nichts als einem Symbol der Schöpfung, die Gott aus sich selbst (und vielleicht in sich selbst) hervorruft.

Der erste, der solche überschwengliche Rede von Gott gebraucht hat, war anscheinend der Gnostiker Basilides in der ersten Hälfte des 2. Jahrhunderts. Aber seine Formulierung scheint eher darauf aus zu sein, alle jene in der Schöpfung auftretenden Begriffe durch ihre Negierung ins ganz Fremde hinüber zu heben: ist doch auch die Welt hier nicht weniger ein Nichts als Gott selbst und das Nichts, aus dem er schuf: »So schuf der Nichtseiende Gott eine Nichtseiende Welt aus Nichtseiendem, indem er ein Samenkorn hervorbrachte, das den Samen der Welt in sich hatte.«[24]

Aber seine Idee hat keine Fortsetzung gefunden und ist auch in keiner Weise systematisch und prinzipiell durchdacht. Sie stellt ein überschwengliches *epitheton ornans* seiner Kosmogonie dar. Entsprechend kühn ist die Erklärung in der Schrift über die heiligen Namen des Pseudo-Dionysius Areopagita, der es sich stets angelegen sein läßt, die Erhabenheit Gottes dadurch zu unterstreichen, daß er ihm alle von anderem Sein ausgesagten Bestimmungen abspricht. So ist denn Gott für ihn »Grund des Seins aller Dinge und doch selber Nichtseiend, weil über alles Sein erhaben«.[25] Als solches Übersein hätte er füglich auch schon mit dem Nichts identifiziert werden können, ohne daß doch gerade dieser Schritt von dem Autor, der großen Autorität aller späteren christlichen Mystiker, gemacht worden wäre[26].

In der mittelalterlichen Spekulation und Mystik treten diese Umdeutungen nun vom 9. Jahrhundert an auf, das heißt, nachdem die Lehre von der Schöpfung aus Nichts in ihrer genauen Formulierung gerade durchgedrungen war und sich im Bewußtsein der Gläubigen als Fundamentalsatz der drei Religionen mehr oder weniger durchgesetzt hatte. *Vom Moment ihres Sieges beginnt die neue Entwicklung der Formel, die ihren Inhalt zunichte macht.* Im 9. Jahrhundert finden wir die neue Vorstellung zugleich, wie schon gesagt, unerklärterweise, in islamischen (arabischen und persischen) und in christlichen (lateinischen) Quellen. All diese Texte stellen,

---

24 Hippolytus, *Refutatio* VII, 20–21; auch bei W. Völker, *Auswahl gnostischer Texte*, S. 47.
25 *De divinis nominibus* I, Ende von § 1.
26 Die von H. Wolfson a.a.O., S. 357, angeführten Stellen der oben erwähnten Schrift vertragen auch eine andere Deutung und sind keineswegs so deutlich, wie er sagt.

wie schon die Schriften des Pseudo-Dionysius, Adaptationen neuplatonischen Denkens dar.

Die merkwürdigste und fast stets übersehene Quelle stellt die sogenannte *Theologie* des Aristoteles dar, eine arabische Synopsis großer Stücke neuplatonischen Gedankengutes, großenteils aus Plotins *Enneaden* und Porphyrius. Dieses Buch existiert in zwei Rezensionen, einer kürzeren, die von der uns interessierenden Vorstellung nichts weiß, und einer längeren, die bis vor kurzem nur in lateinischer Übersetzung bekannt war und lange als christlich interpoliert galt. Durch die wichtige Entdeckung des arabischen Textes auch dieser Stücke, die Borissov in einer Leningrader Handschrift gemacht hat, ist jetzt erwiesen, daß es sich in keiner Weise um ein christliches Dokument handelt, sondern daß es aus islamischen Kreisen stammt[27]. Hier nun wird zum erstenmal innerhalb eines neuplatonischen Denkens diese Umdeutung vollzogen. Es wird dort an einer Stelle vom Logos, 'amr, oder dem göttlichen Wort, *kalima*, gesprochen: »Dies Wort ist selber nicht bewegt und nicht ruhend, und weil es über der Ruhe und über der Bewegung steht [...], darum hat man es als Nichts bezeichnet«, *rassamuha bi-laissa*[28]. Aus diesem Wort, das über dem Widerstreit der Kategorien steht und deswegen das Nichts heißt, stammt die Schöpfung. Für den Autor dieses Textes ist aber der göttliche Wille mit dem göttlichen Wort identisch und ferner, ohne mit Gottes Wesen identisch zu sein, doch mit ihm im Vorgang der Emanation verbunden. So ist denn hier, sehr im Unterschied etwa zu der Auffassung bei Augustin, der Wille Gottes, durch den alles aus Nichts geschaffen wurde, selber dieses Nichts. *Ein anderes Nichts der Schöpfung gibt es nicht.*

Die gleiche Vorstellung haben wir in ismailitischen Texten der islamischen Gnosis vom 9. Jahrhundert an. Hier bilden

---

27 Borissov, *Über den Ausgangspunkt der voluntaristischen Lehre des Salomo ibn Gabirol* (russisch), in: *Bulletin de l'Academie des Sciences de l'U.R.S.S.*, 1933. Ein Exemplar dieser Arbeit, von der zwar Separata verschickt wurden, die aber in den Bänden des Bulletins in den Bibliotheken fehlen, besitzt mein Kollege S. Pines in Jerusalem. Vgl. auch Pines' Aufsatz *La longue récension de la Théologie d'Aristote*, in: *Revue des Etudes Islamiques*, 1954.

28 Borissov, S. 764.

der Gott, der die Dinge aus dem Nichts erschafft, und das »Nichts-mit-ihm«, das heißt wohl: das Nichts, das bei ihm ist, eine Einheit, die von vornherein da war. »Wenn wir nun sagen: Er und das Nichts-bei-ihm, so leugnen wir damit die getrennte Existenz von dem Etwas und dem Nichts und machen beide insgesamt zu Erstgeschaffenem.« Dieses Nichts, das bei Gott ist, ist aber auch hier nichts anderes als jenes Wort oder der Wille, in dem alle Dinge gründen. Der merkwürdige Terminus »Nichts-bei-ihm« scheint darauf hinzuweisen, daß es sich nicht um ein Nichts handelt, das außerhalb Gottes steht, sondern um eine Perspektive in Gott selber, eine Manifestation seines verborgenen Wesens als ein Nichts, aus dem alles Etwas kommt. So wird dann hier betont, daß Gott und jenes Nichts beide unendlich sind. Die erste Ursache ist selber das Nichts, der Logos oder der Wille, aus dem als ihrer materiellen Ursache die erste Wirkung, das *primum causatum*, stammt[29].

So sagt auch der große ismailitische Mystiker Nasir-i-Khusraw (im 11. Jahrhundert), daß der Wille Gottes kein Etwas ist und weit entfernt davon, ein Ding zu sein. Denn jedes Ding hat ein Ende; was aber jenseits des Endlichen liegt, das ist im Willen. Dieser Wille Gottes, der als Nichts beschrieben werden kann, ist in seiner Manifestation die Schöpfung, und es gibt keine andere Schöpfung als diese. Auch hier also hat nicht der Wille die Dinge aus dem Nichts geschaffen, sondern das Hervortreten des Willens selber aus Gott ist jenes Nichts der Schöpfung. Aus diesem Nichts stammt das erste Sein, das der *nous*, der Intellekt, ist. Gott selbst in seiner verborgenen Wesenheit steht noch über diesem Nichts. Es verhält sich nicht etwa so, daß es jenseits dieser symbolischen Erhöhung des Nichts noch einen Akt gäbe, in dem eine andere Schöpfung aus Nichts realiter erfolgt. Dieser Autor erklärt auch, daß das, was die Substanz und die Akzidenzen in einem Ding, nach der philosophischen Kategorienlehre des Aristoteles, vereinigt, selber keine der Kategorien sein kann. Das, was sie vereinigt, ist eben das Nichts[30]. Diese Identifizierung des Willens mit dem Nichts stellt eine merkwürdig präzise Par-

29 W. Ivanov, *Studies in Early Persian Ismailism*, 1948, S. 149.
30 Vgl. die Stellen bei Pines, a.a.O., S. 15.

allele zum kabbalistischen Denken dar, wo, wie wir sehen werden, ebenfalls das Nichts in den göttlichen Willen hineingenommen wird.

Zur selben Zeit etwa, aus der die ältesten arabischen Texte über diese Symbolik des Nichts stammen, hat im Abendland Johannes Scotus Erigena (um 870) zuerst im christlichen Denkkreis diese Vorstellung durchgeführt, und zwar mit einer Kühnheit und Radikalität, die noch heute den Leser seines großen Werkes *Über die Einteilung der Natur* (das heißt des Seins) erstaunt. Eine faszinierendere Umdeutung der christlich-kirchlichen Lehre von der Schöpfung aus Nichts, als sie sich im dritten Buch dieses Werkes findet, ist kaum denkbar[31]. Es ist sehr begreiflich, daß die Auffassungen dieses kühnsten Denkers im Mittelalter des christlichen Kulturkreises, der bei seiner Umdeutung der christlichen Gedankenwelt im Sinne eines neuplatonischen Mystikers vor keinem Paradox zurückgeschreckt ist, von der katholischen Kirche verworfen wurden. Seine Lehre, die in diesem Punkt eine erstaunliche Parallele zum kabbalistischen Denken im Judentum und zum ismailitischen Denken im Islam darstellt, wurde im frühen 13. Jahrhundert als häretisch erklärt und konnte von da an nicht mehr offiziell innerhalb der Kirche vertreten werden. Das hat aber in keiner Weise verhindert, daß auch die Mystiker des Christentums später noch auf offene oder geheime Weise von der verbotenen Frucht gekostet haben. Die Symbolik des Nichts, die Johannes Scotus entwickelt hat, ist ein festes Erbstück der christlichen Mystik geworden, manchmal wieder ins Orthodoxe zurückgebogen, manchmal in der Schwebe gehalten, als überkühne Metapher hervorgeholt und wieder zurückgenommen, wie oft genug in den Schriften Meister Eckharts und seiner Schüler.

Nach der Lehre des Johannes Scotus geht alles geschöpfliche Sein letzten Endes auf die Idealwelt der *causae primordiales*, der Urgründe allen Seins, zurück. Diese Welt der Urgründe aber ist nicht aus einer Materie geschaffen, denn sie ist die göttliche Weisheit selbst, oder auch nur von außen, weil außer Gott nichts ist. Das Nichts der Schöpfung, aus der Er alles geschaffen hat, ist Er vielmehr selbst, »denn die unaus-

---

31 *De divisione naturae* III, 5–23.

sprechliche Klarheit der allem menschlichen und angelischen Denken unerkennbaren Güte Gottes heißt in der Sprache der mystischen Theologie Nichts, da sie ja, für sich selber betrachtet, weder ist noch war noch sein wird«. Wenn diese Güte auf unaussprechliche Weise ins Sein hinabsteigt, so ist sie dem geistigen Auge zwar erkennbar, aber indem sie als unfaßbar gedacht wird, »wird sie mit Recht in prägnanter Weise das Nichts genannt«. Das Hinabsteigen Gottes in die eigenen Urgründe aller Dinge, wo sie alle urbildlich entfaltet sind, ist das Hinabsteigen in sein eigenes Nichts, aus dem alles hervorkommt. Dieser Akt der Urschöpfung, das Hinabsteigen Gottes in seine eigenen Tiefen, stellt einen Akt dar, der die innere Dynamik und Lebendigkeit dieses Gottes in einem großartigen und paradoxen Bild zeigt. Die Schöpfung aus Nichts ist also, präzis gesagt, ein Prozeß, in dem Gott sich selbst in den Urgründen schafft: »Wenn er aber in die Urgründe der Dinge hinabsteigt, so beginnt er, indem er sich solcherart gleichsam selber schafft, ein Etwas zu sein.« Die Meinung, Gott habe alles aus dem Nichts im gewöhnlichen Sinn des Wortes gemacht, wo damit eine Privation bezeichnet wird, etwas, was Gott selbst abgesprochen werden kann, nicht aber aus dem Nichts der Überwesentlichkeit der göttlichen Güte, wird hier von Johannes Scotus ausdrücklich abgelehnt. Dies sind also durchaus entscheidende und freilich konsequent pantheistisch durchgedachte Sätze, die weit über alles hinausgehen, was etwa in seinen Quellen, den Schriften des Pseudo-Areopagiten, stand. Die Konsequenz, mit der Johannes Scotus das ganze erste Kapitel der Genesis in diesem Sinne interpretiert, seitenlange Ausführungen von phantastischer Kühnheit, sucht ihresgleichen in der christlichen Literatur.

Freilich läßt sich hier, wie auch später manchmal bei den jüdischen Kabbalisten, ein gewisser zweisinniger Sprachgebrauch feststellen. Wo Johannes Scotus von der unteren Schöpfung spricht, da gilt der Satz, »daß der Name jeder Abwesenheit von Sein ›Nichts‹ ist«, und wo er in der Zeit das Sein aus dem Nichts hervorbringt, da »schafft er also alles, was er aus dem Nichts zum Sein führt, aus einem Nichtsein in ein Sein« oder, wie es an einer anderen Stelle heißt: »Er schafft das Existierende aus dem Nichtexistierenden.« Hier in der unteren Welt der *causae contingentes* könnte also zur Not eine Schöpfung aus Nichts im traditionellen Verstande angenommen werden, was aber nicht von der Schöpfung jener Welt der Urbilder, der *causae primordiales*, gilt, die ja nicht zeitlich, sondern ewig ist. »Wie kann ich«, fragt der Schüler hier, »wenn alles Seiende ist in der schöpferischen Weisheit von Ewigkeit her ist, verstehen, auf welche Weise es aus Nichts entstanden ist?« Worauf der Lehrer antwortet, daß das Nichts, aus dem Alles entstanden ist, eben Gottes Überwesentlichkeit, ›*superessentia*‹[32], darstelle.

Dieser mystischen Bedeutung des Nichts entspricht es, wenn Meister Eckhart, zweifellos in freier Abwandlung seiner Quellen, dem Areopagiten das Wort in den Mund legt: »Die größte Lust des Geistes ist gelegen in dem Nichts seines Urbildes«, und wenn er einen »heidnischen Meister« sprechen läßt: »Gott ist ein solcher, dessen Nichts die ganze Welt erfüllt, sein Etwas aber ist nirgends.«[33]

Wie solche Terminologie in eher strikt katholischer Mystik sich behaupten konnte, dafür legen nicht nur manche Ausführungen bei Franziskanerspiritualen, wie Petrus Olivi, Zeugnis ab[34], sondern auch, und vielleicht am besten, die berühmte *Theologia deutsch* eines Frankfurter Deutschritters aus dem 14. Jahrhundert. Hier heißt es gleich am Anfang: »Die Teilheiten sind ergreifbar, erkennbar und aussprechbar, aber das Vollkommene ist aller Kreatur unergreifbar, unerkennbar und unaussprechbar, ihrem Kreatursein gemäß. Darum nennt man das Vollkommene ›Nichts‹, denn es ist nicht von

---

32 Vgl. dazu M. Cappuyns, *Jean Scot Erigène*, Louvain 1933, S. 344 bis 346, sowie Gustavo Piemonte, *Notas sobre la Creatio de nihilo en Juan Escoto Eriugena*, in: Sapientia, vol. 23, 1968, S. 37–58, 115–132.

33 *Meister Eckharts mittelhochdeutsche Schriften*, übersetzt von Fr. Schulze-Maizier, 1934, S. 341. Der »heidnische Meister« spricht in der Art der berühmten paradoxen Definitionen Gottes in dem pseudo-hermetischen *Buch der 24 Meister* aus dem frühen 13. Jahrhundert, in dessen Text aber gerade diese Definition fehlt. Wohl aber heißt es dort § 14, daß Gott eine Kugel sei, in deren Zentrum das Nichts beschlossen sei *(incarceratur),* sowie weiter, daß er in seinem Sein ewiglich das Nichts enthalte, vgl. Cl. Bäumker, *Studien und Charakteristiken zur Geschichte der Philosophie des Mittelalters*, 1927, S. 211.

34 Vgl. den Brief des Petrus Olivi von 1295, den Denifle im *Archiv für Literatur und Kirchengeschichte des Mittelalters* III, S. 534 gebracht hat.

ihrer Art. Darum kann die Kreatur, als Kreatur, es nicht erkennen noch begreifen, nicht benennen oder in Gedanken fassen.«[35]
Von hier geht eine große Linie noch bis zu Jakob Böhme, der gleicherweise die Meinung vertreten hat, daß »Gott alle Dinge aus dem Nichts gemacht hat, und dasselbe Nichts ist er selber«[36]. Ja noch Gottfried Arnold, einer der Mystiker des Pietismus, hat unter seinen geistlichen Liedern ein großes Gedicht über dieses Nichts der Gottheit verfaßt:

»Als ich das Nichts nahm wohl in acht
Und mich darein ergeben,
Ward ich zum rechten Ziel gebracht,
Wonach ein Christ soll streben.«[37]

4

Die gleiche Vorstellung hat sich auch in der jüdischen Mystik nachdrücklich durchgesetzt. Freilich waren die Kabbalisten in einer wesentlich glücklicheren Lage als die christlichen Mystiker. Im Judentum, das ein kirchliches Lehramt im Sinne des Katholizismus nicht kannte, konnten Dinge vertreten werden, die innerhalb der Kirche für die christlichen Mystiker sehr erhebliche Schwierigkeiten mit sich brachten. Die These von Gott als reinem Nichts ist von spanischen Kabbalisten des 13. Jahrhunderts vertreten worden, ohne daß irgendeine Instanz gegen sie eingegriffen hätte. So konnten die Kabbalisten ihre Lehre entwickeln, ohne Gefahr zu laufen, daß eine

35 *Eine deutsche Theologie*, ed. von Josef Bernhart, 1920, S. 93. Zu diesem Sprachgebrauch von Nichts vgl. Grete Lüers, *Die Sprache der deutschen Mystik des Mittelalters im Werke der Mechthild von Magdeburg*, 1926, S. 232–237. Leider habe ich den Artikel *Nihil* in dem Lexikon *Pro Theologia Mystica Clavis* des Jesuiten Maximilian Sandeus, Köln 1640, auf den öfters in der Literatur verwiesen wird, nicht selber einsehen können.
36 Jakob Böhme, *De Signatura Rerum* VI, 8. Auch der schlesische Mystiker Daniel von Czepko, *Geistliche Schriften*, 1930, S. 273, schreibt um 1645 etwa: »Der Gott sieht, sieht ein Nicht. Daß er nicht sagen kann. Dasselbe Nicht sieht er, und Ihn sieht alles an.«
37 *Gottfried Arnolds Sämtliche Geistliche Lieder,* ed. Ehrmann, Stuttgart 1856, S. 206–210.

zu kühne Formulierung sie unmittelbar in Konflikt mit der Autorität bringen konnte.

Das, was bei Scotus Erigena die Welt der Urgründe war, ist bei den Kabbalisten die Welt der *Sefiroth*, der verschiedenen Manifestationen des göttlichen Wesens in der Welt der Gottheit. Die meisten Kabbalisten haben gelehrt, daß die wahre Schöpfung aus Nichts in dem Hervorgang der *Chochma*, der Weisheit Gottes, welche die zweite *Sefira* ist, aus der obersten aller *Sefiroth* besteht. Die göttliche Weisheit enthält die Urbilder allen geschöpflichen Seins in Gott, in ihr zuerst ist Sein angelegt. Die erste *Sefira* aber, die »höchste Krone« Gottes, ist eine so verborgene Wirklichkeit Gottes, daß sie das Ur-Nichts, *'ajin gamur*, genannt werden kann[38]. Die wirkliche Schöpfung aus Nichts betrifft den Übergang aus dem Nichts Gottes in das urbildliche Sein seiner Sophia, und diese Definition ist in der kabbalistischen Literatur unermüdlich wiederholt und variiert worden.

Für die Kabbalisten bestanden zwei Möglichkeiten in der Auffassung dieses Nichts. Manche von ihnen hoben Gott selber, in seinem reinen transzendenten Wesen als das »Unendliche« *En-Sof* von seiner ersten Emanation in der »höchsten Krone« prinzipiell ab. Dabei schwebt diese erste Emanation gleichsam als eine Aura um sein Wesen, eine Aura, die immer bei ihm und immer um ihn war. Dabei trafen nun, besonders klar bei dem Kabbalisten Asriel aus Gerona (um 1220), zwei Symboliken aufeinander und verbanden sich: die erste Sefira als der göttliche Urwille (wenn auch hier niemals als das göttliche Wort), und dieselbe Sefira als das Nichts. Damit war die Auffassung des Willens als des Nichts aller Schöpfung unausweichlich gegeben[39]. In dieser obersten Sefira ist gleichsam der ewige Ruck zur Schöpfung schon gesetzt, der

---

[38] So schon in dem Kommentar des frühen Kabbalisten Moses Nachmanides zum Buch der Schöpfung *(S. Jezira)* I, 7. Zu den hier benutzten Vorstellungen über die erste und zweite Sefira vgl. die Darlegungen im vorigen Kapitel, Abschnitt 2 und 3.

[39] Auch diese Symbolik kehrt dann bei Böhme wieder, wo nicht nur der Urgrund in Gott als ein »ewig Nichts« bezeichnet wird, sondern zuweilen auch der Wille selber, so z. B. in seinem *Mysterium Magnum* I, 2. Über diese Symbolik bei Böhme vgl. Al. Koyré, *La philosophie de Jacob Boehme*, 1929, S. 317–327.

aus dem Unendlichen ein Nichts macht, einen unendlichen Abgrund in Gott selbst, der mit dem biblischen Wort für die Tiefe des Abgrunds in *Genesis* 1:2, *tehom*, bezeichnet wird. Es gab freilich auch Kabbalisten, die diese Scheidung zwischen dem Unendlichen und dem Nichts zwar billigten, doch von einer absoluten Koexistenz des Nichts mit dem *En-Sof* nichts wissen wollten und sogar die erste Sefira, und damit das Nichts selber, als entstanden dachten. (Der Autor des Hauptteils des *Buches Sohar* war zum Beispiel der ersten Meinung, der des *Buches vom treuen Hirten, Ra'ja Mehemna*, eines späteren Teiles im *Sohar*, der zweiten.)

Dem gegenüber stand aber, und besonders nachdrücklich in der spanischen Kabbala zwischen 1200 und 1500, die andere These, nach der die erste Sefira, der unendliche Wille Gottes, selber die Wesenheit des *En-Sof* darstelle. Damit sind dann *En-Sof* und *Ajin*, das Unendliche und das Nichts, identisch. Von der Perspektive der Kreatur aus gesehen, erscheint das Unendliche als ein Übersein des Nichts, nicht als eine Bestimmung an Gott, sondern als die Gottheit selbst[40]. Offenbar stimmen all diese sonst so verschiedenen Schulen der Kabbala darin überein, daß sie die Vorstellung für unvollziehbar halten, es könne ein vollkommenes Sein auch ein Nichts involvieren, das nicht in diesem Sein selber gründet. Dieser Horror vor dem Nichts in seinem Wortverstande in der Auffassung der überlieferten Formel von der Schöpfung aus Nichts gebiert in allen diesen Systemen die gleiche paradoxe Symbolik von Gott als Nichts, sei es, daß Gottes Übersein das Nichts selber ist, sei es, daß es das Nichts gebiert.

Asriel aus Gerona schreibt um 1220 in seinem *Weg des Glaubens und Weg der Häresie*: »Fragt dich einer, ›was Gott ist‹, so erwidere: ›Der nirgends mangelhaft ist.‹ Fragt er dich: ›Gibt es etwas außer ihm?‹, so erwidere: ›Es gibt nichts außer ihm.‹ Fragt er dich: ›Wie hat er Sein aus Nichts hervorgebracht, wo doch zwischen Sein und Nichts ein großer

---

40 So heißt es z. B. in einem kaum später als 1300 verfaßten Kommentar zum *Buch der Schöpfung* in *Cod. Hebr.* 294 der *Vaticana*, Bl. 20b: »die Weisheit emanierte aus der Krone, welche *En-Sof* und Nichts heißt, das Sein aber, welches das Mysterium der beiden Sefiroth, *Chochma* und *Bina* darstellt, stammt aus der höchsten Krone, die das Nichts heißt, und ebendies ist das Mysterium der Schöpfung des Etwas aus dem Nichts.«

Unterschied besteht‹, so erwidere: ›Wer Sein aus Nichts hervorbringt, dem mangelt dadurch nichts, denn das Sein ist im Nichts auf die Art des Nichts, und das Nichts ist das Sein auf die Art [das heißt unter der Modalität] des Seins.«[41] Und davon hat der Autor des Buchs von der Schöpfung gesagt: »Er machte sein Nichts zu seinem Sein«, und hat nicht etwa gesagt: »Er machte das Sein aus dem Nichts.« Dies lehrt, daß das Nichts das Sein ist, und das Sein das Nichts. Das Nichts aber wird »Träger«, 'omen, genannt. Der Ort aber, dem das Sein da verbunden ist, wo es aus dem Nichts Dasein zu haben beginnt, heißt »Glaube«, 'emuna. Denn der Glaube bezieht sich nicht auf ein sichtbares und faßbares Sein, wie auch nicht auf das unsichtbare und unfaßbare Nichts, sondern eben auf den Ort, wo das Nichts mit dem Sein zusammenhängt. Denn das Sein stammt nicht aus dem Nichts allein, sondern Sein und Nichts zusammen stellen das vor, was gemeint wird, wenn vom »Sein aus Nichts« die Rede ist. Das Sein ist also nichts als ein Nichts, und Alles ist Eines in der Einfachheit der absoluten Ungeschiedenheit, und hierauf bezieht sich die Warnung (*Eccl.* 7, 16): ›Übernimm dich nicht in der Spekulation‹, denn unser endlicher Intellekt vermag nicht die Vollkommenheit jenes Unerforschbaren zu erfassen, das mit dem Unendlichen Eines ist.«[42]

Dieses in der Tat sehr merkwürdige Zitat gemahnt uns nicht weniger an berühmte Formulierungen Hegels wie an solche der Mahayana-Buddhisten. Für Rabbi Asriel sind Sein und Nichts in Gott ineinander verschränkt. Es gibt ein Nichts Gottes, das das Sein gebiert, und es gibt ein Sein Gottes, das das Nichts darstellt, jedes unter der ihm eigenen Perspektive betrachtet. Die Art, auf die die Dinge im Nichts Gottes exi-

---

41 Dieser Satz ist offenkundig der These des *Liber de causis* nachgebildet, eines neuplatonischen Textes, der diesem Kabbalisten höchstwahrscheinlich bekannt war. Dort heißt es in § 11, ed. Bardenhewer, S. 82: »Die Wirkung ist in der Ursache auf die Art [nach der Seinsweise] der Ursache, und die Ursache ist in der Wirkung auf die Art [nach der Seinsweise] der Wirkung.« Asriel hat diese These auf den Zusammenhang von Sein und Nichts übertragen.

42 Vgl. dazu in meinem Buch *Ursprung und Anfänge der Kabbala*, 1962, S. 371–381. Diese Quelle war interessanterweise schon Johannes Reuchlin bekannt, der, freilich ohne von Asriel als ihrem Autor zu wissen, einige Zeilen daraus in seinem Werk *De Arte Cabalistica*, 1517, zitiert hat.

stieren, ist eine; die Art, wie sie im Sein existieren, ist eine andere. Beides aber sind Modalitäten des Unendlichen selbst, das die ungeschiedene Einheit des Etwas und des Nichts darstellt. Der wahre Glaube, wie er hier definiert wird, bezieht sich auf den Zusammenhang des Seins mit dem Nichts, das der Spekulation unfaßbar bleibt, weil es in Gott selbst gründet und weil in ihm allein Sein und Nichts sich verschränken. So erhalten wir hier eine unerwartete mystische Präzision des Glaubens an die Schöpfung vom Etwas aus dem Nichts, eines »Glaubens«, dessen »Ort« selber hypostasiert wird.

Asriel benutzt die schon oben erwähnte Stelle im *Buch Jezira*, die auf die Schöpfung aus Nichts im überlieferten Verstande gedeutet wurde, um seine eigene, mystische Auffassung in den Text hineinzulesen. Das wird ihm durch die besondere Struktur des hebräischen Satzes ermöglicht, wo 'eno »es ist nicht« auch als Possessivpronomen verstanden werden kann: »sein Nichts«. Durch diese kühne Konstruktion erhält er jenen Satz, daß Gott sein Nichts zu seinem Sein gemacht habe, wodurch also Sein und Nichts als zwei verschiedene Perspektiven im Göttlichen selber erscheinen. Das Nichts ist nicht *das* Nichts, das von Gott unabhängig ist, sondern *sein* Nichts. Die Verwandlung des Nichts ins Sein ist ein Vorgang in Gott selber, nämlich, wie gesagt, jener Akt, in dem die göttliche Weisheit sich manifestiert, und beide, Nichts und Sein, sind nur Aspekte des einen, ungeschiedenen »Überseins«. (Der hebräische Ausdruck *jithron* entspricht offenbar genau dem lateinischen *superesse*.)

Die Kabbalisten liebten es, in geometrischer Symbolik die göttliche Weisheit als den »Urpunkt« aller Dinge zu bezeichnen, der, ohne doch selbst im eigentlichen Verstande zu ›sein‹, doch den Ursprung allen Seins darstellt. Der Punkt nimmt in der weiteren Emanation der nächsten Sefiroth gleichsam Dimensionen an, er selbst wird aber gern als Übergang zwischen dem reinen Nichts und dem reinen Sinn als »Ursprung des Seins«, *hatchalath ha-jeschuth*, bezeichnet. Auf die göttliche Weisheit, die die Urschöpfung in Gott selber ist, konnten die Kabbalisten den Vers des Buches Hiob beziehen, wo im 28. Kapitel ja eine überschwengliche Beschreibung der Weisheit gegeben wird und wo sie die Frage: »Die Weisheit aber, woher wird sie gefunden?« ganz wortwörtlich übersetzen konnten: »Die Weisheit aber hat ihr Sein aus dem Nichts.« In diesem Vers, sagt schon Esra von Gerona, der ältere Kollege des Asriel, ist das wahre Mysterium der Schöpfung aus Nichts enthalten[43].

Wenn dies freilich das wahre Mysterium ist, so kann die Betonung des Festhaltens an der überlieferten Formel, wie wir sie in der kabbalistischen Literatur stets finden, nur einen symbolischen Sinn haben. Wenn von einem realen Hervorgang der unteren, außerhalb der Sefiroth-Welt sich entfaltenden Schöpfung aus dem Nichts die Rede ist, so ist doch in Wirklichkeit, mindestens in den Schriften der alten Kabbalisten, nirgends ein Sprung zwischen der Welt der Sefiroth und dem anderen Sein der Dinge außerhalb der Gottheit sichtbar, sondern alles geht kontinuierlich in einer großen Kette von jenem höchsten Urpunkt bis zum letzten materiellen Sein. Nirgends tritt da ein echtes Nichts, die Kontinuität der Kette unterbrechend, auf. In diesem Sinn sind daher auch die betont orthodoxen Ausführungen von Mystikern, wie Nachmanides, zu verstehen, der in seinem Kommentar zur Tora es zwar so darstellt, als ob Himmel und Erde im genauen Verstande aus Nichts erschaffen seien, zugleich aber solche Bilder und Hyperbeln verwendet, daß den Eingeweihten klar wird, es handle sich hier um eine zweisinnige Rede, und die wahre Schöpfung dieses Urstoffes, der wie ein gestaltloser Punkt geschaffen wird, sei eben nichts anderes als die der verborgenen Weisheit Gottes selber.

Ganz im Sinn dieser hier dargelegten Auffassungen sagt auch Josef Gikatilla, der um 1300 eine bedeutende Einführung in die kabbalistische Symbolik verfaßt hat, in eindrücklicher Formulierung: »Das Häkchen im sonst punktförmigen hebräischen Buchstaben *Jod,* das nach oben zeigt, deutet auf das große Urlicht, die Tiefe des Urseins in seinem wahren

---

43 Esra ben Salomo in der dritten Vorrede zu seinem Kommentar über das *Hohe Lied,* der in französischer Übersetzung von Georges Vajda in Paris 1969 erschienen ist. Dabei ist bemerkenswert, daß Moses Nachmanides in seiner eigenen Erklärung zu *Hiob* 28 Esra zwar sonst wortwörtlich abgeschrieben, den Satz »das ist das wahre Mysterium der Schöpfung aus Nichts« aber als allzu verräterisch und für seinen Leserkreis ungeeignet weggelassen hat.

Wesen, das heißt [als Gottesname] *ehjeh,* ›Ich Bin‹, heißt aber auch zugleich das Grenzenlose und das Nichts, gemäß der Fülle seiner Verborgenheit vor allem, was oben und unten existiert. Denn da ist keiner, der etwas von ihm erfahren kann, und wenn einer darüber fragen würde: ›Was ist es?‹, so wäre die Antwort: ›Nichts‹, das heißt, keiner ist da, der etwas davon erfaßt [...], und das ist das Symbol des Häkchens im *Jod,* als ein Hinweis auf die höchste Krone [die erste Sefira], die Nichts heißt und die aller Erfaßbarkeit entzogen ist.«[44]

In diesem Zusammenhang ist auch eine weitere Symbolik bemerkenswert, die mit der des Nichts aus der Schöpfung aus Nichts zusammenhängt. Sowohl Scotus Erigena wie Asriel und in ihrem Gefolge die christlichen und jüdischen Mystiker des Mittelalters gleichermaßen sprechen in einem positiven Sinne vom Abgrund als einem Symbol der mystischen Urwelt der *causae primordiales* und der Sefiroth. Zwar ist die Rede vom *bythos,* dem Abgrund, aus dem alles entsteht, zuerst wohl von den Gnostikern des 2. Jahrhunderts benutzt und geprägt worden, aber man darf zweifeln, ob dort der Abgrund und Gott schon identifiziert werden. Johannes Scotus erklärt in seiner *Genesis*deutung den finsteren Abgrund von *Gen.* 1:2 als jene unerkennbare, nur vom göttlichen Denken selbst begriffene und durchdrungene Welt der gestaltlosen und einfachen *causae primordiales*[45]. Unter den Kabbalisten ist wohl Asriel von Gerona der erste, der den Ort, wo alle Wesen in gestaltloser Ungeschiedenheit stehen, als »den unendlichen, grenzenlosen und unerforschlichen Abgrund, der bis ins reine Nichts reicht«, erklärt[46]. Dieser Abgrund ist also nicht etwa ein Symbol von etwas wirklich Finsterem und Ungöttlichem, sondern vielmehr Symbol eines tief verborgenen Standes der Dinge in Gott und eines Momentes an Gott selbst. Wenn auch Asriel nicht durchaus klargemacht hat, ob er mit diesem Abgrund die höchste Sefira meint, ist es doch sehr wahrscheinlich. Von hier aus erklärt sich auch der Anruf

---

44 Josef Gikatilla, *Schaʿare ʾOra,* Offenbach 1715, Bl. 47b.
45 *De Divisione Naturae* II, 17.
46 Asriel in seinem Kommentar zu den talmudischen *Aggadoth,* ed. J. Tishby, Jerusalem 1945, S. 103.

an Gott als »tiefer Abgrund«, wie er sich in einem sehr merkwürdigen Gebet von Marannen (scheinkatholischen Juden in Spanien) von 1488 findet[47]. Aber auch Pico della Mirandola, der erste der sogenannten »christlichen Kabbalisten«, spricht zur selben Zeit, 1486, in seinen in Rom veröffentlichten *Kabbalistischen Thesen* von Gott »im Abgrund seiner Finsternis«[48], und einer seiner Nachfolger, Johannes Cheradamus, spricht in seinem christlich-kabbalistischen *Alphabet der heiligen Sprache* schon direkt von *En-Sof* als der Unendlichkeit und dem Abgrund.[49] Die Schöpfung aus Nichts war nun die Schöpfung aus solchem Abgrund, der bis ins Nichts Gottes reichte. Schon mehrfach habe ich auf die tiefe Affinität hingewiesen, die zwischen der Kabbala und dem Denken Jakob Böhmes besteht, der die von den Kabbalisten intendierte Weltschau noch einmal unabhängig entdeckt und in oft erstaunlich verwandten Symbolen, die aus der gemeinsamen biblischen Tradition hervorgewachsen sind, zur Sprache gebracht hat. Auch bei ihm ist Gott als »die große Tiefe überall« erfaßt und, wie es ein moderner Forscher formuliert hat, »die Negativität des Abgrundes in das Göttliche hineingeschaut worden«.

Ich kann hier nicht die vielen Stellen besprechen, an denen solche Auffassungen der Schöpfung aus Nichts in mystischen Exegesen der kabbalistischen Literatur dargelegt wurden. Ich will mich mit drei charakteristischen Zitaten begnügen. Am Ende des 13. Jahrhunderts schreibt ein sonst unbekannter französischer Kabbalist, David, Sohn des Abraham ha-Laban (des Weisen) in seiner Schrift *Tradition des Bundes:* »Das Nichts [in der Rede von der Schöpfung aus Nichts] kann auf zwei Weisen gedacht werden: entweder hat Er [alles] aus seiner eigenen Glorie erschaffen, wie Rabbi Elieser der Große gesagt hat, daß er die Himmel aus dem Licht seines Gewandes erschaffen habe, oder er hat aus dem Wort der ersten Ursache

---

[47] Dieses von mythischen Prädikationen Gottes volle und im Munde von Juden wie von Christen gleichermaßen paradoxe Gebet in spanischer Sprache ist von F. Baer, *Urkunden zur Geschichte der Juden im christlichen Spanien* II, S. 481, aus Inquisitionsakten publiziert worden.
[48] *Conclusiones Cabalisticae secundum propriam opinionem,* § 35.
[49] *Alphabetum linguae sanctae,* 1532, S. 46: »*En-Sof id est infinitudo sive abyssus*«.

erschaffen. Aber auch seine Glorie ist ein Sein, und jenes Wort selbst ist etwas, das aus seiner Kraft stammt. Wenn nun aber gesagt wird ›aus Nichts‹, so ist damit gemeint, daß er keinen Gefährten hatte, denn alles stammt aus seiner Kraft. Jenes Nichts aber ist viel größer an Sein als jedes andere Sein in der Welt; weil es aber einfach ist und selbst alle sonst als einfach bezeichneten Substanzen, an seiner Einfachheit gemessen, zusammengesetzt sind, heißt es in bezug auf sie Nichts [...]. Die Ursache, die selbst keine Ursache hat, wirkt das Etwas aus dem Nichts und wirkt durch das Wort. Wenn aber alle Kräfte zum Nichts zurückkehren, so besteht der Urseiende, der die Ursache von allem ist, in seiner ungeschiedenen Einheit in den Tiefen des Nichts.«[50] Um 1500 drückt der spanische Kabbalist Josef Taitatzak den gleichen Gedanken in dem phantasievollen Bild aus: »Im Palast des Nichts wohnt das All.«[51] Um dieselbe Zeit sagt ein anonymer Kabbalist aus Spanien: »Schöpfung aus Nichts bedeutet nur zweierlei: erstens daß die Welt nicht ewig ist, und zweitens, daß sie nicht aus einer Urmaterie außerhalb von Gott selber stammt.« Nach diesem Autor lehrt gerade die Kabbala, was allen anderen Religionen unbekannt geblieben sei, nämlich wie diese Schöpfung aus Nichts zu denken ist. Alles Sein stammt aus Gottes Sein, und das Licht der Substanz des *En-Sof* emaniert ins Urlicht, das dann einfach als das Nichts bezeichnet wird. In seinen ganzen Ausführungen spielt dieser Autor andauernd mit wechselndem orthodoxen und mystischen Sprachgebrauch des Ausdrucks Nichts.[52]

50 Vgl. in meiner Edition dieser Schrift in *Kobez al jad, Minora Manuscripta Hebraica* XI, fasc. I, Jerusalem 1936, S. 31. In diesem Zusammenhang verlohnt der Hinweis, daß Nachman Krochmal, der erste bedeutende jüdische Geschichtsphilosoph der hebräischen Aufklärungsliteratur, der tief unter dem Einfluß des deutschen Idealismus stand, gerade diese Ansicht der »alten Kabbalisten« über das Nichts in Gott ausgesprochen billigend anführt, als ob er die Affinität zwischen der kabbalistischen Spekulation und der des deutschen Idealismus gespürt hätte; vgl. seinen *More Nebhoche Ha-seman*, ed. Rawidowicz, S. 306/07. Krochmal ist der einzige bedeutende jüdische Denker des 19. Jahrhunderts, bei dem ich Derartiges gefunden habe.
51 Vgl. den Text der Stelle in meinem hebräischen Aufsatz über die *Revelationen des Josef Taitatzak*, in: *Sefunot* XI, 1969, S. 82.
52 Die Stelle steht in dem anonymen Werk *'Ohel Mo'ed*, Ms. Cambridge, Bl. 20b.

Auf Grund dieser kabbalistischen Lehren gerade ist dann in der Tat von manchen christlichen Kabbalisten und Theosophen des 17. Jahrhunderts die Schöpfung aus Nichts, und besonders nachdrücklich die der Materie, mit eindringlichen Gründen geleugnet worden. Dafür haben uns christliche Theosophen wie Henry More und Franciscus Mercurius van Helmont, die um philosophische Formulierungen ihrer »Kabbala« nicht verlegen waren, ausgezeichnete Zeugnisse hinterlassen.[53] Auch ihr Vorläufer Henry Vaughan (Eugenius Philalethes) beruft sich nicht etwa auf christliche Mystiker, sondern auf die jüdischen Kabbalisten, wenn er vom Uranfang der Kette des Kosmos spricht als dem »*'Ain*, dem Nichts der Juden«, welches »die bloße Gottheit ohne Decke« sei.[54]

5

Es bleibt aber bei solcher Verwandlung der Schöpfung aus Nichts in eine Schöpfung aus dem Übersein Gottes selber ein Problem für das monotheistische Denken bestehen. Macht doch diese Wandlung des Gedankens, in der im Grunde die Schöpfung aus Nichts mit der Idee der Emanation selber identifiziert wird, die Frage des Theismus und des Pantheismus wieder dringlich. Wie kann ein Sein, das aus dem Nichts Gottes selber hervorquillt, jemals ein Sein sein, das Gott gegenüber als ein Fremdes steht und subsistiert? Bleibt doch solches Sein notwendigerweise stets seinem Urgrund im Nichts Gottes selber verhaftet, muß also irgendwo ein Sein im Göttlichen selber bleiben. Wollen wir ein Geschöpfliches, das dem göttlichen Sein als etwas anderes gegenübersteht, erfassen, so muß ja eine Auffassung

[53] Van Helmont war sicher der Autor des Dialogs *Ad Fundamenta Cabbalae* in Christian Knorr von Rosenroths großem Kompendium *Cabbala Denudata* I, pars 2, 1677, S. 308–312. Die englische Übersetzung, die als selbständiges Heft erschienen ist, London 1682, trägt den charakteristischen Titel: *A Cabbalistical Dialogue in answer to the Opinion of a Learned Doctor in Philosophy and Theology that the World was made of Nothing*.
[54] Ich fand diese Stelle in den Auszügen aus Henry Vaughan's *Lumen de Lumine* im »Hermetischen ABC vom Stein der Weisen«, Berlin 1779, Bd. III, S. 157.

fragwürdig sein, die das Nichts und das Sein als zwei Perspektiven im Göttlichen selber verbindet.
Hier nun tritt bei den späteren Kabbalisten, kühner als bei den christlichen Mystikern, ein Gedanke ein, von dem man vielleicht sagen könnte, daß er eine gewisse Parallele in Scotus Erigenas Idee vom Hinabsteigen Gottes in sich selber hat. Und dennoch dürfte das schon eine zu kühne Umdeutung von Erigenas Gedanken sein, bei dem ja das Hinabsteigen Gottes in sich selbst den ewigen Hervorgang der Weisheit aus Gott selbst bedeutet. Auf eine tiefere Schicht des göttlichen Seins bezieht sich aber der kabbalistische Gedanke von der Schöpfung durch Selbstverschränkung Gottes, von dem wir in diesem Zusammenhang sprechen müssen.
Wenn Gott das vollkommene Sein darstellt, so duldet es ja seiner Natur nach kein Nichts. Wo nichts wäre, muß ja Gott selber sein. Um wieviel mehr müssen wir fragen: wie können Dinge bestehen, die nicht Gott selber sind? Diese Fragestellung ist es, die bei Isaak Luria, dem bedeutendsten aller späteren Kabbalisten, und seinen Schülern zur Idee vom *Zimzum* geführt hat[55]. Das hebräische Wort *Zimzum* bedeutet wörtlich »Kontraktion«. Es ist damit eine Konzentration des göttlichen Wesens auf sich selbst gemeint, ein Hinabsteigen in seine eigenen Tiefen, eine Verschränkung seines Wesens in sich selber, das allein, nach dieser Auffassung, den Inhalt einer möglichen Schöpfung aus Nichts darstellen kann. Nur wo Gott sich »von sich selbst auf sich selbst« zurückzieht (wie die von vielen Kabbalisten gebrauchte Formel lautet), kann er etwas hervorrufen, was nicht göttliches Wesen und göttliches Sein selber ist. Es gibt also in diesem Sinne einen Akt, in dem Gott etwas von sich selbst, und sei es auch nur gewissermaßen von einem Punkte seines Wesens, zurückzieht. Solcher »Punkt« im göttlichen Sein, auf den sich dieser Akt bezieht, wäre der wahre mystische Urraum aller Schöpfung und aller Weltprozesse. Hier erfaßten also die Kabbalisten in einem neuen bedeutenden Symbol, das eine zentrale Rolle in der Geschichte des Denkens der späteren jüdischen Mystiker gespielt hat, einen möglichen Inhalt dessen, was Schöpfung

55 Vgl. hierzu Näheres in meinem Buch *Die jüdische Mystik,* 1957, S. 285-290.

aus Nichts bedeuten kann. In der Selbstverschränkung des göttlichen Wesens, das, anstatt in seinem ersten Akt nach außen zu wirken, sich vielmehr zu sich selber wendet, tritt das Nichts zutage. Hier haben wir einen Akt, in dem das Nichts hervorgerufen wird.
Die Kabbalisten waren sich keineswegs über die Kühnheit dieses anscheinenden Paradoxons im unklaren, lief doch solche Konzeption eines Gottes, der sich in sich selbst verschränkt, um Raum für die Schöpfung zu lassen, der Vorstellung zuwider, die jede Bewegung in Gott selbst verpönt. Gott als der ewig Unbewegte ist ja ein teures Erbstück aller Theologie. Nur um den Preis eines Konfliktes mit solcher orthodoxen Auffassung war die neue Vorstellung durchzuführen. Nun ist sicher, daß die orthodoxe Formel vom unbewegten Gott ihren Ursprung eher bei Aristoteles als in der biblischen Offenbarung hat, die von solchem unbewegten Gott weniger weiß als den Theologen von jeher lieb war. Immer haben die Mystiker ihren Zweifel über diesen Satz gehabt, den sie, auch wo sie ihn unterschrieben, so umdeuteten, daß etwas anderes herauskam. Das Göttliche als ein Lebendiges ist mit dem Satz von der Unbewegtheit Gottes letzten Endes nicht vereinbar. Erst bei der Überwältigung des monotheistischen biblischen Denkens durch das griechische konnte solcher Gedanke emporkommen.
In der Idee des *Zimzum* haben wir einen unendlich kühnen Ausdruck für diese tiefe Bewegtheit in der Gottheit selbst. Erst in ihr schien es den späteren Kabbalisten möglich, eine Konzeption der Welt zu haben, in der Dinge außerhalb des göttlichen Wesens existieren konnten. Mit anderen Worten, der *Zimzum* stellt im Sinne der Kabbalisten eine Bestimmung dar, durch die jene Rede von der absoluten Freiheit Gottes in der Schöpfung, die wir eingangs kennengelernt haben, überhaupt erst einen Sinn erhalten kann. Er ist der eigentliche Inhalt solcher Freiheit, nämlich die Freiheit, die unendliche Vollkommenheit seines Wesens, und sei es auch nur punktuell, zu beschränken. Der erste Akt der Schöpfung kann also nicht ein Herausgehen Gottes *aus sich selber* sein – etwa im Sinne jener thomistischen Formel von der *processio dei ad extra,* von der eingangs die Rede war –, sondern es muß ein Hin-

eingehen Gottes *in sich selber* sein, das die Möglichkeit, das Apriori einer Welt überhaupt darstellt. Gewiß, in jenen Urraum, der durch den Akt des *Zimzum* entstanden ist, sandte Gott einen Strahl der Emanation seines Lichtes. So ist die Schöpfung auf jeder Stufe gewiß auch Emanation, Ausstrahlung, aber auf jeder Stufe ist sie zugleich auch ein immer erneutes, kontinuierliches Sich-Zusammennehmen und Sich-Zurückziehen des Göttlichen. Denn wäre jener *Zimzum,* jene Verschränkung Gottes in sich selber, nicht kontinuierlich, so wäre eben doch nur Gott allein. Alles nicht göttliche Sein würde *eo ipso* im Aufhören des *Zimzum* verschwinden. So ist denn in jedem Sein, das nach dem *Zimzum* entsteht, eine tiefe Dialektik gegeben: überall spielt das Nichts, das aus dem *Zimzum* stammt, in das Sein hinein. Es gibt kein reines Sein und kein reines Nichtsein. Alles Existierende resultiert aus der doppelten Bewegung, in der Gott sich in sich selbst hineinnimmt und doch zugleich etwas aus seinem Sein wiederum ausstrahlt. Beide Prozesse sind nicht voneinander zu lösen und bedingen einander. Der Prozeß der Emanation, der allem Sein etwas vom Göttlichen mitteilt, ist in jedem Punkte, auf jeder Stufe, durch den Rückzug Gottes auf sich selber beschränkt. Die göttliche Produktivität äußert sich bis zur niedrigsten Stufe alles Seienden in immer erneutem Angriff solchen In-sich-selber-Steigens und Aus-sich-selber-Steigens. So war denn hier mindestens die Möglichkeit einer theistischen Konzeption von Schöpfung innerhalb eines strikt jüdischen mystischen Denkens gegeben. Wo das Wesen Gottes nicht mehr ist, weil er sich zurückgezogen hat, da mag das Nichts als ein Residuum, als der Rückstand aus solchem Sein, betrachtet werden. Und in der Tat ist diese Deutung in der lurianischen Kabbala öfters vertreten worden. Auch hier aber fehlte von Anfang an nicht die mystische Umdeutung, die das Residuum aus dem Sein des *En-Sof* im Urraum nicht als ein Nichts im wörtlichen Sinne auffaßte, sondern als ein unerhört erfülltes Sein, wenn auch nicht mehr mit dem Sein der göttlichen Substanz identisch. Freilich waren es gerade solche Kabbalisten, die an einer klar theistischen Auffassung interessiert waren, die solche Umdeutung verschmähten und, wie zum Beispiel Emanuel Chaj Ricchi in Italien, lehrten, daß eben die Existenz einer wirklichen Schöpfung aus Nichts im genauen Sinne gar nicht anders denkbar sei als um den Preis des Paradoxon, das in der Vorstellung des *Zimzum* liegt[56]. Nur so gibt es wahrhaft geschöpfliches Sein, das aber dem Nichts in jedem Moment verhaftet ist.

So laufen denn in der Geschichte der Kabbala die beiden Intuitionen nebeneinander: die vom mystischen Nichts, das Gott selber ist, und die zur Rettung der Schöpfung aus Nichts im präzisen Verstand der Tradition.

Die mystische Rede von der Schöpfung aus Nichts, die wir hier kennengelernt haben, hat aber noch eine weitere Wendung erfahren, auf die hier zum Abschluß hingewiesen werden soll. Die Kabbalisten gaben der Lehre des Aristoteles von den drei Prinzipien des Seins eine eigenartige Wendung. Alle Dinge haben Materie, Form und Nicht-Sein, sagt Aristoteles. Dieses dritte Prinzip, die *steresis,* besagt: Nicht alles, was ein Ding seiner Natur nach werden kann, ist es schon. Es gibt eine Folge der Formen, und jede Form realisiert etwas von dem, was die Materie werden kann. Nicht alles kann alles werden. Ein Stück Holz kann kein Eisen werden, wohl aber ein Brett oder, weiterbearbeitet, eine geschnitzte Figur. Alles kann nur werden, was in den Gesetzen seiner Form liegt. So steckt in jedem Ding außer seiner Materie und der schon in ihr realisierten Form auch die noch nicht realisierte. Dies meint die Aristotelische Rede von der Privation. Die Kabbalisten aber haben dieses Nicht-Sein eben als das Nichts, das in jedem Dinge steckt, aufgefaßt. Da, wo sich die Formen in der Materie wandeln, das heißt also in jedem lebendigen Prozeß, bricht das Nichts in dieser Verwandlung mit auf[57]. Es ist ein

---

56 Vgl. Ricchi, *Joscher lebab,* Amsterdam 1737, Bl. 11b: »Nachdem er den Ort der Welten durch den *Zimzum* und jene Ausbreitung [des Strahles aus 'En-Sof] frei gemacht hatte, manifestierte er in seiner Allmacht etwas von sich, indem er in jenem Urraum aus dem Nichts das entstandene Sein erschuf, mit dem er sodann fast jenen ganzen Urraum erfüllte.« Das Sein, das hier aus dem Nichts entsteht, entsteht in Wirklichkeit aus dem Residuum, das die Substanz bei ihrem Rückzug in sich selbst hinterläßt. Als die einzige Möglichkeit, Schöpfung aus Nichts zu denken, erklärt den *Zimzum* auch Jakob Emden in seinem Werk *Mithpachath sefarim,* 1769; vgl. in der Ausgabe Lemberg 1870, S. 51.

57 Diese mystische Umdeutung der Aristotelischen *Steresis*-Lehre ist am

Abgrund, der in jedem Etwas mitgegeben ist. Kein Sein ist vollkommen, jedes ist seiner Natur nach gebrochen und unvollkommen. Aus der immer wieder erneuten Berührung mit dem Nichts stammt die immerwährende Schöpfung, das immer erneute Wunder des Anfangs. Der Mystiker aber, und insbesondere der wahrhaft Betende, »führt jedes Ding zu seinem Nichts zurück«[58], er bringt es an die wahre Wurzel allen Seins hinan, die im göttlichen Nichts gründet, und wie die Mystiker in kühner Benutzung eines talmudischen Wortes[59] gesagt haben: »Größer ist das letzte Wunder als das erste.«

deutlichsten bei Asriel von Gerona formuliert, bei dem die Spekulation über das Nichts gleich am Anfang der spanischen Kabbala zugleich ihre radikalsten Formulierungen gefunden hat. Mit großem Nachdruck tritt diese Umdeutung zum Beispiel in den Thesen über den mystischen Sinn des Gebetes auf, die ich aus einem Pariser Manuskript in dem *Gedenkbuch für S. Klein und A. Gulak*, S. 215/16, veröffentlicht habe. Von hier führt eine direkte Linie zu den chassidischen Ausführungen der gleichen Tendenz, die die Schriften des Rabbi Baer aus Meseritsch und seiner Schüler am Ende des 18. Jahrhunderts füllen.

58 So in der Formulierung Asriels in § 9 der eben erwähnten Thesen.
59 *Ta'anith*, 24a.

Offenbarung und Tradition als religiöse Kategorien im Judentum

I

Das Judentum, wie es sich in den letzten zweitausend Jahren in festen historischen Gestalten konstituiert hat, ist in der Religionsgeschichte mit Recht als eine klassische Repräsentation einer traditionalistischen Religionsform bekannt. Es ist für uns hier völlig gleichgültig, ob das ein Vorzug oder ein Nachteil ist. Wir wollen hier ja nicht werten, sondern verstehen. Und was im Haushalt des Judentums Tradition bedeutet hat und in hohem Maße noch fortdauernd bedeutet, verdient in der Tat in eminentem Maße unsere Aufmerksamkeit, gerade wo wir uns anschicken, die Funktion des Schöpferischen und Spontanen gegenüber der des Rezeptiven im Haushalt der Menschheit zu diskutieren. Denn was den Menschen führt und was ihn etwa zum Führer seines Lebenswerkes machen kann, ist ja offenkundig von den Vorstellungen abhängig, die er sich über seine Stellung in der Welt oder im Ganzen seines Lebensbezuges macht. So ist die Diskussion des Sinnes von Tradition einer der erleuchtendsten Aspekte, unter denen das Thema unserer Tagung betrachtet werden kann. Behauptet doch Tradition innerhalb jeder menschlichen Gruppe einen durchaus zentralen Platz, so wie es auch das schöpferische Moment, das in jede Tradition hineinspielt, in der lebendigen Wechselwirkung des Gebenden und Empfangenden zu sehen gilt. Wollen wir doch verstehen, wie das Rezeptive und das Spontane, das neu in den Strom der Tradition Einfließende, sich in der Weitergabe des Besitzes einer jeden Generation an die nächste verbinden.
Es ist vielleicht angebracht, am Anfang dieser Ausführungen, sozusagen um ihr Klima zu bezeichnen, eine kleine Geschichte zu erzählen, die der *Talmud* nicht ganz ohne humoristisches Augenblinzeln von Moses und Rabbi Akiba erzählt. Dabei ist nötig, zu wissen, daß Akiba aus einem unwissenden Vieh-

hirten zum größten Schriftgelehrten seiner Generation wurde, der als Märtyrer der Hadrianischen Verfolgung sein Leben dahingab. In der Geschichte des Judentums bildet er einen der bedeutendsten Vertreter der Auffassung von Tradition, über deren geistige Grundlagen und Implikationen wir uns hier Klarheit zu verschaffen suchen. Er ist es, der mehr als jeder andere einzelne große Lehrer im Judentum dazu geholfen hat, die Kristallisation des rabbinischen Judentums zu einem religiösen System von schier unverwüstlicher Lebenskraft herbeizuführen. Hundert Jahre nach seinem Tod wird folgendes erzählt:

»Als Moses in die Höhe stieg [um die Tora zu empfangen], traf er den Heiligen, gelobt sei er, dasitzen und Kränze [oder Kronen] für die Buchstaben winden. Da sprach er vor ihm: Herr der Welt, wer hält Dich zurück? [Das heißt: Warum begnügst Du Dich nicht mit den Buchstaben, wie sie sind, so daß Du zu ihnen noch Kronen, das heißt Häkchen, die sich auf gewissen Buchstaben der Torarollen befinden, zufügst?] Er erwiderte ihm: Es gibt einen Mann, der nach vielen Generationen sein wird, namens Akiba ben Josef; er wird dereinst über jedes Häkchen Haufen über Haufen von Lehren vortragen. Da sprach er vor ihm: Herr der Welt, zeige ihn mir. Er erwiderte: Wende dich um. Da ging er und setzte sich hinter die achte Reihe [der Schüler Akibas]. Er verstand aber nicht, was vorgetragen wurde. Da verließ ihn seine Kraft [das heißt, er geriet in Bestürzung, weil er den Vorträgen über die von ihm selbst gegebene Tora nicht zu folgen vermochte]. Als jener zu einer Sache gelangte, bei der seine Schüler ihn fragten, woher er das wisse, sagte er zu ihnen: Es ist eine Lehre, die dem Moses am Sinai überliefert wurde. Da beruhigte sich sein Sinn. Er kehrte um und trat vor den Heiligen, gelobt sei er, und sprach vor ihm: Herr der Welt, Du hast einen solchen Mann und verleihst die Tora durch mich?! Er erwiderte: Schweige, so ist es in meinem Plan. Hierauf sprach er vor ihm: Herr der Welt, Du hast mir seine Tora-Kunde gezeigt, zeige mir auch seinen Lohn. Er sprach: Wende dich um. Da wandte er sich um und sah, wie man sein Fleisch auf der Fleischbank wog [sein Fleisch wurde von den Foltern der Henker zerrissen]. Da sprach er vor ihm: Herr der Welt: Das ist die Tora, und das ist ihr Lohn? Er erwiderte: Schweige, so ist es in meinem Plan.«[1]

Diese Geschichte, der es nicht an Großartigkeit fehlt, enthält *in nuce* viel von den Fragestellungen, die uns hier beschäftigen werden. Wenn wir das Problem der Tradition betrachten wollen, müssen wir natürlich zwischen der historischen Frage, wie es zur Bildung einer mit religiöser Dignität ausgestatteten Tradition überhaupt gekommen ist, und der anderen Frage, wie diese Tradition verstanden wurde, wenn sie als religiöses Phänomen einmal ergriffen wurde, unterscheiden. Wie stets bei der Verfestigung von religiösen Systemen wurde natürlich, als das Phänomen der Tradition einmal anerkannt war, von den Gläubigen die historische Fragestellung verworfen. Für den Historiker bleibt sie fundamental. Wenn er den Sinn verstehen will, der in den Annahmen der Gläubigen steckt, ist er deswegen nicht an die fiktiven Behauptungen gebunden, die deren Entstehung betreffen oder, wenn man will, vernebeln. So ist die Tradition als ein besonderer Aspekt der Offenbarung historisch ein Produkt des Prozesses, in dem sich das rabbinische Judentum zwischen dem vierten oder dritten vorchristlichen Jahrhundert und dem zweiten nachchristlichen Jahrhundert gebildet hat. Ursprünglich betrifft in den Religionen die Annahme einer göttlichen Offenbarung natürlich eine konkrete Mitteilung eines positiven sachlichen und aussprechbaren Inhalts. Nie ist es den Trägern solcher Offenbarung in den Sinn gekommen, den bestimmten Charakter und fest umrissenen Inhalt der ihnen zuteil gewordenen Mitteilung zu bestreiten oder einzuschränken. Wo solche Offenbarung, wie im Judentum, in einer heiligen Schrift niedergelegt und als solche anerkannt wird, da stellt sie ursprünglich eine solche konkrete Mitteilung und solchen sachlichen Inhalt dar und nichts sonst. Aber in dem Maße, in dem sich die Autorität solcher Offenbarung und ihres Niederschlags in heiligen Schriften durchsetzt, tritt freilich eine wesentliche Veränderung ein. Einmal erneuern sich die historischen Umstände und verlangen Anwendung der als autoritativ erkannten Mitteilung auf immer wechselnde Verhältnisse. Zum andern aber erweitert das spontane Ele-

1 *Menachoth* 29b.

ment der menschlichen Produktivität, die sich dieser Mitteilung bemächtigt, ihre ursprünglichen Grenzen. So entsteht »Tradition« im Sinne eines Verständnisses von der Wirksamkeit des Wortes in jedem konkreten Verhältnis, in das eine so konstituierte Gesellschaft tritt. Es beginnt jener Prozeß, in dem nicht nur die Frage wichtig wird, wie die Offenbarung als konkrete Mitteilung bewahrt und von Geschlecht zu Geschlecht überliefert werden kann – an sich schon ein fast unmögliches Unternehmen –, sondern mit immer steigender Gewalt die Frage sich erhebt, ob und wie diese Offenbarung angewandt werden kann. Damit aber ist schon das spontane Element in die sich bildende Tradition eingebrochen. Es kann sein, daß im Verlauf dieser erneuten Produktivität der Bereich der Schrift selber sich erweitert, daß neue schriftliche Kommunikationen neben die alten treten und so eine Art Niemandsland zwischen dem, was zur ursprünglichen Offenbarung und zur hinzutretenden Tradition gehört, geschaffen wird. Das ist zum Beispiel im Judentum geschehen, als neben die ursprünglich allein Offenbarungscharakter beanspruchende Tora andere Schriften des biblischen Kanons traten, die zuerst durchaus und nachdrücklich in den Bereich der Tradition einbezogen wurden und als Niederschlag der Tradition galten. Später freilich verschob sich oft genug die Grenzziehung, und der Kanon als solcher tritt als heilige Schrift der Tradition gegenüber, in der nun ihrerseits solche Prozesse der Differenzierung zwischen schriftlichem und mündlichem Niederschlag wiederholt werden.

Ausgezeichnet hat Molitor diese Problematik der schriftlichen und mündlichen Überlieferung dargestellt: »Die Schrift fixiert die in immerwährendem Fluß begriffene Zeit und stellt in festen und unvergänglichen Zügen das flüchtig verhallende Wort als eine beständige Gegenwart dar; sie ist in dieser Hinsicht das vorzüglichste und sicherste Mittel aller Überlieferung. Wenn zwar auch die Schrift, ihrer Treue und größeren Zuverlässigkeit halber (indem bei ihr Entstellung weniger möglich ist), vor der mündlichen Überlieferung allerdings den Vorzug verdient, so ist doch jede schriftliche Fassung nur ein abgezogenes allgemeines Bild der Wirklichkeit, das aller concreten Bestimmtheit und individuellen

Specification, wie sie das Leben darbietet, gänzlich ermangelt und daher jeder Art von Mißdeutung unterworfen ist. Das mündlich ausgesprochene Wort, so wie die Übung und das Leben, müssen sonach die beständigen Begleiter und Dolmetscher des geschriebenen Wortes sein, indem dasselbe sonst im Gemüthe ein toter, abstracter Begriff bleibt, dem es an aller Lebendigkeit und concretem Gehalte gebricht.

In der neueren Zeit, wo die Reflexion das ganze Leben zu verschlingen droht, wo man Alles auf eine tote, abstracte Begriffswissenschaft zurückgeführt und den Menschen durch die Theorie allein erziehen zu können geglaubt hat, ist freilich jenes alte, in der Natur der Sache liegende Wechselverhältnis zwischen Schrift und Wort, zwischen Theorie und Praxis gänzlich verrückt worden; denn indem man alles Praktische in die Theorie und alles mündlich Vererbte in die Schrift gefaßt und dem Leben nichts mehr übrig gelassen hat, ist damit die wahre Theorie samt der echten Praxis im Leben verloren gegangen. Allein in der alten Welt, wo der Mensch noch in weit einfacheren, naturgemäßen Beziehungen stand, wurde auch jenes naturgemäße Verhältnis der Schrift zum Wort, der Theorie zur Ausübung weit richtiger beobachtet.«[2]

Der hier ins Auge gefaßte Prozeß hat im Judentum in der Zeit des zweiten Tempels stattgefunden, wobei es für unsere Betrachtung nichts verschlägt, ob die Tora als offenbartes Gesetz in uralter Zeit oder erst später promulgiert wurde. Aber in der ungeheuren Gärung, die mit den veränderten Umständen, vor allem mit dem Einbruch der hellenischen Welt, die ursprünglich theokratische Gemeinde, die die Tora anerkannte, ergriff und in der sich das Judentum als historisches Phänomen in der Auseinandersetzung mit manchen anderen, zum Teil sehr lebendigen Gruppen des jüdischen Volkes bildete, tritt nun die Tradition immer nachdrücklicher als neuer religiöser Wert und als Kategorie des religiösen Denkens auf. Sie wird das Medium, in dem sich schöpferische Kräfte niederschlagen. An die Seite der schriftlichen Tora tritt die Tradition, die etwa vom 1. nachchristlichen Jahrhundert an als »mündliche Tora« bezeichnet wird. Diese

[2] F. J. Molitor, *Philosophie der Geschichte oder Über die Tradition,* Bd. I, zweite Auflage (1857), S. 4.

Tradition ist nicht einfach die Summe dessen, was die Gemeinschaft als kulturelles Gut besitzt und den Kommenden überliefert. Sie ist eine spezifische Auswahl aus diesem Besitz, die herausgehoben und mit religiöser Autorität umkleidet wird. Sie erklärt bestimmte Dinge, Sätze oder Einsichten als Tora und setzt sie damit in Verbindung mit der Offenbarung. Damit wird der ursprüngliche Sinn der Offenbarung als eines einmaligen, positiv gegebenen und fest umzirkelten Aussagebereichs in Frage gestellt, und es beginnt eine ebenso fruchtbare wie unabsehbare Entwicklung, die für die religiöse Problematik des Begriffs der Tradition höchst aufschlußreich ist.
Zuerst scheint es, als ob die beiden, die schriftliche und die mündliche Tora, nebeneinander stehen, als ob zwei verschiedene Quellen der Autorität in der Offenbarung selber gegeben sind: eine, die sich schriftlich niederschlagen konnte, und eine, die nur mündlich im lebendigen Worte fortgepflanzt werden konnte oder durfte. Aber dabei blieb es nicht, wie wir bald sehen werden. Diese mündliche Tora ist es, von der es nun am Anfang der *Sprüche der Väter* in der *Mischna* heißt: »Moses empfing die Tora vom Sinai her und überlieferte sie dem Josua, Josua den Ältesten, die Ältesten den Propheten, und die Propheten überlieferten sie den Männern der Großen Synagoge.« Die Große Synagoge war eine Gruppe, welche während langer Zeit, unter der persischen Herrschaft, die Angelegenheiten der aus dem Exil zurückgekehrten Gemeinde geleitet haben soll. In Wirklichkeit dürfte diese in der jüdischen Geschichte nebelhafte Gruppe eine historische Konstruktion sein, die von viel späteren Generationen aus den letzten biblischen Berichten über die Ordnung der Dinge in Judäa in den Büchern *Esra* und *Nehemia* herausgesponnen wurde. Ob der dogmatische Begriff der mündlichen Tora auf die Zeit, die für diese Gruppe angenommen wurde, zurückgeht, wissen wir nicht, wenn auch der Begriff eines »Zauns um die Tora«, das heißt von Vorsichtsmaßregeln, die die Einhaltung der Tora sichern sollen, auf sie zurückgeführt wird. Jedenfalls ist die Rede von der mündlichen Tora schon im ersten nachchristlichen Jahrhundert geläufig.
Der Inhalt und Umfang dieses so wichtigen Begriffs schwankt

und hat mit fortschreitender Konsolidierung des rabbinischen Judentums eine Erweiterung durchgemacht. Zuerst betraf diese als Tora auftretende Tradition nur Sätze oder Bestimmungen, die in der schriftlichen, jedermann zugänglichen Tora nicht enthalten waren, wobei es nichts ausmachte, ob Moses diese jetzt schriftlich vorliegende Tora selber mündlich erhalten und später aufgezeichnet oder, sozusagen, aus dem präexistenziellen himmlischen Exemplar diktiert bekam – beide Auffassungen sind in der rabbinischen und apokryphen Literatur belegt. So liefen im Lauf der Generationen viele Sätze um, die als »Halacha an Moses vom Sinai her« bezeichnet wurden[3]. Bald aber erweiterte sich der Bereich der Anwendung des Begriffs. Alles, was von den Schriftgelehrten besprochen wurde, was in den Lehrhäusern überliefert wurde – Gesetzliches, Historisches, Ethisches, Homiletisches –, wurde in den fruchtbaren Bereich der Tradition eingepflanzt, die nun ein ungemein lebendiges geistiges Phänomen wurde.

Ich sprach soeben von »Schriftgelehrten« – und damit kommen wir auf den springenden Punkt für das Verständnis des Verhältnisses der neuen, mündlichen zur rezipierten, schriftlichen Tora. Es beginnt die Bemühung um das immer genauere Verständnis der Schrift, das sie zum Gegenstand der Forschung, des sich exegetisch in ihre Implikationen Einbohrens (hebräisch: *Midrasch*) macht. Die mündliche Tora läuft nicht mehr einfach parallel neben der schriftlichen einher, sondern es wird unternommen, sie aus der Schrift herauszulesen und zu deduzieren. Die Entfaltung der in der Offenbarung gegebenen oder mitgegebenen Wahrheiten, Aussagen und Sachverhalte wird das Anliegen der mündlichen Tora, die damit einen neuen Typus des religiösen Menschen herausstellt, der in der Religionsgeschichte nicht ohne Grund ebensoviel Bewunderung wie Ablehnung und Hohn hervorgerufen hat. Der Schriftgelehrte ist es, der die Offenbarung nicht mehr als etwas Einmaliges, fest Umrissenes, sondern als etwas unendlich Fruchtbares ergreift, das aufgegraben und umgegraben werden will: »Wende sie um und um, denn alles ist in ihr.« So ist die Leistung der Schriftgelehrten in der Aufstellung

---

[3] Vgl. die Zusammenstellung dieser Sätze bei Wilhelm Bacher, *Tradition und Tradenten*, Leipzig 1914, S. 33–46.

einer Tradition, die doch in der Tora selber gründet und aus ihr hervorwächst, ein Musterfall der Spontaneität in der Rezeptivität. Weil sie sich als Geführte wissen, sind sie Führer. Sie sind es, die aus der religiösen Tradition etwas ganz Neues schaffen, das selber religiöse Dignität beansprucht, nämlich den Kommentar. Daß die Offenbarung des Kommentars bedarf, um verstanden und im richtigen Verständnis angewandt werden zu können, ist die keineswegs selbstverständliche religiöse These, die dem Phänomen der Schriftgelehrtheit und der von ihr inaugurierten Tradition im Judentum zugrunde liegt. Daß diese innere Gesetzlichkeit in der Entwicklung des Begriffs der Offenbarung sich dann auch in anderen Religionen findet, die die Autorität einer Offenbarung anerkennen, zeigt, daß der Vorgang, um den es sich hier handelt, von allgemeiner Bedeutung für die Phänomenologie der Religionen ist. Daß er im Judentum mit so besonderer Schärfe und Konsequenz auftrat und von dessen Trägern durchdacht wurde, macht die Betrachtung dieser Problematik besonders klärend und weitführend.

Die Bemühungen der Schriftgelehrten um die Einbeziehung aller Lebensbereiche in die nun hochkommende, im Midrasch gründende Tradition zerfallen nach der Auffassung der jüdischen Quellen in zwei Gebiete, Halacha und Aggada. Halacha bedeutet dabei wörtlich Norm oder Regel, nach der man sich richtet, das heißt eine Aussage über die Verhaltensweise im Sinne der gesetzlichen Bestimmungen der Tora oder ihrer Anwendungen, wie sie von der Tradition festgestellt wurden. Aggada ist wörtlich »Aussage«, nämlich Aussage der Schrift, die den Schriftgelehrten, die in ihr forschen, etwas sagt, was über den ersten Eindruck des Wortlauts hinausgeht[4]. Im genauen Sinne sind damit Aussagen gemeint, die den nichtgesetzlichen Teil der Tora betreffen und bei denen, da sie keinen Bereich der Anwendung des Gesetzes im konkreten Leben betrafen, eine viel größere Freiheit der Exegese statthatte. In der Tat ist die Anerkennung der aggadischen Elemente der rabbinischen Tradition keineswegs ohne Schwierigkeiten vor sich gegangen, ein Prozeß, auf dessen Einzelheiten in diesem

[4] Über diesen Sinn des Terminus vgl. W. Bacher, *Die Aggada der Tanaiten*, 2. Aufl., Bd. I, S. 450–475.

Zusammenhang nicht eingegangen zu werden braucht. Tradition im Sinne mündlicher Tora ist nun also etwas, in dem alles behandelt wird, was das Leben des Juden im Lichte der Offenbarung betrifft, ob es sich dabei nun um normative, halachische Verhältnisse handelte oder solche, die dem Umkreis der Aggada, der freien Entwicklung der Lebensverhältnisse und ihrer Begründung in den Urkunden der Offenbarung angehörten.

Natürlich drängen sich dem Religionshistoriker die starken Parallelen zum *katholischen Begriff der Tradition* auf, der ja ebenfalls mündliche Tradition aus Gottes Mund kennt – *verba divina non scripta* –, in seinen helleren und dunkleren Aspekten. Auch hier herrscht die Meinung vor, daß Gegenwart und Vergangenheit vor Gott in der Tradition lebendig verbunden werden. »Wer die Tradition verwirft, der sei verflucht«, wie ein Anathematismus des VII. Konzils lautet. Wobei natürlich *diese* Tradition der Kirche eine an die christliche Offenbarung anschließende ist, wie die der Rabbiner an die sinaitische. Das *Phänomen* als solches bleibt strukturell dasselbe.

Mit dem Midrasch, der zuerst frei und später nach festen Grundsätzen für die halachische, und wesentlich freieren für die aggadische Exegese die Schrift kommentierte und die Meinungen der Schriftgelehrten, die sich bald in Schulen differenzierten, als die Entfaltung des in ihr *implicite* Gegebenen vortrug, setzt ein schöpferischer Prozeß ein, der die Tradition durchdringt und verwandelt. Es sind nicht mehr nur ängstlich gehütete Sätze alter Provenienz, sondern die Forschungen der Gelehrten selber in der Schrift, die den Anspruch erheben, Tradition zu sein. Der Wunsch nach historischer Kontinuität, wie sie im Wesen des Traditionellen liegt, nach Verbindung mit der Autorität des Ursprungs der Offenbarung setzt sich dabei auch in historischen Konstruktionen durch, über deren fiktiven Charakter kein Zweifel möglich ist und die dennoch dem gläubigen Bewußtsein gleichsam als Krücken einer äußeren Beglaubigung akzeptabel oder plausibel schienen, obwohl diese Beglaubigung in Wirklichkeit in einer ganz anderen Sphäre, nämlich jener veränderten Auffassung von der Natur der Offenbarung und deren unendlicher Fruchtbarkeit, lag. Besonders merkwürdig ist in dieser historischen Konstruktion, wie sie jener oben zitierte Satz aus den *Sprüchen der Väter* gibt, die Metamorphose der Propheten zu Traditionsträgern, ein sehr charakteristischer, wenn auch für unsere heutige Auffassung reichlich paradoxer Vorgang. Ursprünglich waren damit die letzten Propheten Chaggai, Sacharja und Maleachi gemeint, denen in der Anschauung von der ununterbrochenen Traditionskette eine besondere Wichtigkeit zukommt[5], weil die letzten Propheten zugleich, nicht so ganz ohne Grund, als die ersten Schriftgelehrten und »Männer der Großen Synagoge« betrachtet wurden. Dann aber werden auch die alten Propheten als Mittelglieder der Tradition, die sonst ganz unsichtbar verlaufen wäre, eingesetzt.

Diese Extrapolation historischer Traditionsträger der mündlichen Tora über den Bereich der Schriftgelehrten selber hinaus führt zu der Ausbildung der Anschauung, wie sie dann im talmudischen Schrifttum in vielen kühnen Formulierungen vertreten wird: daß im Grunde der gesamte Inhalt der mündlichen Tora, die von der Tradition der Schriftgelehrten erarbeitet wird, denselben Ursprung hat wie die schriftliche und daß sie also im Grunde immer bekannt gewesen sei, wie das jener zitierte Satz besagt. Hinter der fiktiven Konstruktion, deren Details ohne Interesse für uns sind, steht aber eine religiöse Anschauung, die in der Tat ebenso interessant wie folgenreich war. Es ist dies die bestimmte Anschauung vom Charakter der Offenbarung, die den Kommentar als heilige Tradition über ihren Sinn in sich schließt. Damit aber war eine Bahn betreten, die mit einem hohen Maß immanenter Logik zur *Aufstellung mystischer Thesen über den Charakter der Offenbarung* ebensosehr wie über den der Tradition führen mußte.

Auf dieser Ebene tritt uns sogleich die bedeutende Spannung entgegen, die zwischen dem realen Vorgang der Traditionsbildung und der Deutung dieses Vorgangs im religiösen Bewußtsein der Schriftgelehrten selbst besteht. Ich meine die Spannung zwischen der blühenden Produktion der Schulen, in denen die Schrift erforscht und es mit ihr immer genauer

[5] Vgl. Bacher, *Tradition und Tradenten*, S. 27–31.

genommen wird, also einer durchaus spontanen Leistung jener Geschlechter, die nun ihrerseits, soweit sie weitergegeben wird, die Autorität der großen Lehrer und der Tradition erhält, und jenem Anspruch, den das Dogma vom Offenbarungscharakter der mündlichen Tora zu erzwingen schien. Dieser Anspruch lief darauf hinaus, daß all dies irgendwie in der Offenbarung selber steckte – und mehr: daß es nicht nur in ihr mitgegeben sei, sondern in einer zeitlosen Sphäre der Offenbarung, in der sozusagen alle Geschlechter versammelt waren, dem Moses als dem ersten und umfassendsten Empfänger der Tora schon expliziert worden sein müsse. Die Leistung jeder Generation in ihrem Beitrag zur Tradition wird in die ewige Gegenwart der Offenbarung am Sinai zurückprojiziert. Das ist natürlich ein Vorgang, der schon nichts mehr mit der Auffassung der Offenbarung zu tun hat, von der wir hier ausgegangen sind, nämlich der als einer eindeutigen und in sich klaren und verständlichen Mitteilung. Nach dieser neuen Auffassung der Offenbarung schließt sie nun schon alles in sich, was je legitim über ihren Sinn vorgebracht werden kann. Die offenbare Absurdität des Anspruchs verrät eine desto ernster zu nehmende Voraussetzung religiöser Natur, die daher auch vor extravaganten Formulierungen nicht zurückschreckte. In den vierzig Tagen, die Moses nach *Exodus* 34:28 auf dem Sinai verbrachte, lernte er die Tora in allen ihren Implikationen: Rabbi Josua ben Levi [ein palästinensischer Lehrer des dritten Jahrhunderts] hat gesagt: »Schrift, Mischna, Talmud und Aggada, ja sogar was ein scharfsinniger Schüler dereinst vor seinem Lehrer vortragen wird, ist bereits dem Moses auf dem Sinai gesagt worden« – sogar die Fragen, die solch scharfsinniger Schüler seinen Lehrer fragen wird[6]. Solche Sätze bedeuten in unserem Zusammenhange viel. Sie verabsolutieren den Begriff der Tradition, in der sich zwar in der historischen Zeit der Sinn der Offenbarung auseinanderlegt, aber nur, weil in einem zeitlosen Substrat schon alles, was erkannt werden kann, vorweggenommen ist. Damit kommen wir auf eine Annahme über die Natur der Wahrheit, die für das rabbinische Judentum, wie vielleicht für jede traditionelle Religionsverfassung,

6 *Midrasch Tanchuma*, ed. Buber, II, Bl. 60a, 58b.

charakteristisch ist: die Wahrheit ist ein für allemal gegeben und festgelegt. Im Grunde braucht sie nur überliefert zu werden. Die Originalität des Forschenden hat ein doppeltes Gesicht. Er entwickelt und erklärt in seiner Spontaneität das, was vom Sinai her überliefert ist; sei es, daß es stets bekannt war, sei es, daß es in Vergessenheit geraten und wieder aufgestellt werden muß. Die Anstrengung des Wahrheit Suchenden besteht nicht darin, sich etwas auszudenken, sondern vielmehr darin, sich in die Kontinuität der Tradition des göttlichen Wortes einzuschalten und das, was ihm von dorther zukommt, in seiner Beziehung auf sein Zeitalter zu entfalten. Einer der klassischen Autoren der chassidischen Literatur, Efraim aus Sedylkov, sagt: »Bis die Weisen [die Schriftgelehrten] sie erforschen, heißt die Tora nicht vollständig, sondern bildet nur eine Hälfte, aber durch ihre Forschungen wird die Tora zu einem vollständigen Buch. Denn die Tora wird in jeder Generation nach den Bedürfnissen eben dieser Generation erforscht [gedeutet], und Gott erleuchtet die Augen der Weisen der betreffenden Generation, [so daß sie] in seiner Tora [das ihr] Entsprechende wahrnehmen.«[7]

Mit anderen Worten: nicht das System, sondern der Kommentar ist die legitime Form, unter der die Wahrheit entwickelt werden kann. Für die Art der Produktivität, die wir in der jüdischen Literatur antreffen, ist dies in der Tat ein überaus wichtiger Satz. Die Wahrheit muß an einem Text entfaltet werden, in dem sie vorgegeben ist. In welcher Art dies Vorgegebensein zu denken ist, darüber werden wir noch zu handeln haben. Jedenfalls ist sie dort herauszuholen. So wurde der Kommentar die charakteristische Ausdrucksform des jüdischen Denkens über die Wahrheit, dessen, was man rabbinischen Genius nennen könnte. Die systematischen Mitteilungen und Versuche sind auch im Judentum unter dem Einfluß des griechischen Denkens entstanden. Sein eigenstes Leben ist aber da gegeben, wo heilige Texte kommentiert wurden, so weit immer für den kritischen Leser von heute diese Kommentare und ihre Ideen vom Texte selber abliegen mögen. Dabei kontrastiert die Demut vor dem Text, die in der Annahme ihren Grund hat, daß alles schon dort steckt,

7 *Degel Machneh Efrajim*, 1808, Bl. 3a.

freilich aufs seltsamste mit der Anmaßung, die Wahrheit den alten Texten aufzwingen zu wollen. Der Kommentator, der also im genauesten Sinne der Schrift-Gelehrte ist, hat immer etwas von beiden Haltungen.

Zum Verständnis des Kommentars: Ein Blick auf eine Seite des babylonischen Talmud vermittelt, wie Rosenzweig einmal gesagt hat, den wahren Charakter ihres *Lehrgesprächs* über die Jahrhunderte hinweg: eine Zeile Text in der Mitte der großen Folioseite, die rechts und links von Kommentaren aus allen Zeiten überrandet ist.

Die Tradition als lebendige Macht bringt in ihrer Entfaltung aber auch ein weiteres Problem zutage. Was ursprünglich als widerspruchslos, einheitlich und in sich geschlossen gedacht war, wird bunt, mannigfaltig und widerspruchsreich. Es ist gerade der Reichtum an Widerspruch, der lautwerdenden Meinungen, der von der Tradition umfaßt und in unbefangenster Weise bejaht wird. Der Möglichkeiten, die Tora zu interpretieren, waren viele, und der Anspruch der Tradition war es gerade, alle auszuschöpfen[8]. Sie bewahrt die widersprüchlichen Meinungen mit einem Ernst und einer Unerschrockenheit, die erstaunlich ist, gleichsam als ob man nie wissen könne, wo eine einmal verworfene Meinung doch noch zum Grundstein eines ganz neuen Gebäudes werden könne. In der jüdischen Tradition spielen die Meinungen der Schulen Hillels und Schammais, zweier kurz vor Jesus lebenden Lehrer, eine große Rolle. Ihre gegensätzlichen Auffassungen in theoretischen und praktischen Problemen werden vom *Talmud* mit großer Genauigkeit kodifiziert, obwohl die Regel gilt, daß in der Anwendung des Gesetzes nach der Auffassung der Schule Hillels zu entscheiden sei. Aber die

[8] Von R. Meïr heißt es im Traktat Erubin 13b: »Er erklärte das Unreine als rein und begründete es, und ebenso das Reine als unrein und begründete es« (nämlich um die Schriftgelehrten zu zwingen, die Probleme vor der Entscheidung aus das Genaueste zu durchdenken). Von seinem Schüler Symmachos heißt es dort, daß er über jeden unreinen Gegenstand 48 Gründe der Unreinheit und über jeden reinen Gegenstand 48 Gründe der Reinheit sagte. An derselben Stelle verzeichnet der *Talmud* höchst nüchtern sogar die für ein frommes Gemüt besonders beunruhigende Überlieferung, daß in Jabne ein scharfsinniger Schüler war, der 150 Gründe aufzuführen vermochte, warum das Kriechtier rein sei – das doch in der Tora ausdrücklich und unzweideutig verboten ist!

Sorgfalt, mit der die verworfene Meinung registriert wird, steht in nichts vor der zurück, mit der die siegreiche dargestellt wird. Die Talmudisten haben keine abschließende These über die Einheit dieser Widersprüche, über das dialektische Verhältnis innerhalb der Tradition aufgestellt. Erst einer der spätesten Kabbalisten hat dann die seitdem oft wiederholte, kühne und auf den ersten Blick überraschende These aufgestellt, daß in der messianischen Zeit die Halacha nach der jetzt verworfenen Ansicht der Schule Schammais entschieden werden würde, daß die in einem bestimmten Stand der Welt unakzeptable Auffassung vom Sinn und der Anwendung der Tora in Wirklichkeit einen messianischen Stand antizipiert, in dem sie ihren legitimen Ort hat, und damit gerade die Einheit der Lehre, die all dies umfaßt, besiegelt wird[9].

So betrifft die Tradition denn die Realisierung, den Vollzug des göttlichen Auftrags, der in der Offenbarung gesetzt ist, sie verlangt Anwendung, Ausführung und Entscheidung; zugleich ist sie in der Tat »ein wirkliches Wachsen und Entfalten von innen heraus«. Sie bildet einen lebendigen Organismus, dessen religiöse Autorität mit so großem Nachdruck behauptet wurde, wie er innerhalb dieser Denkweise nur möglich war. Nichts bekundet diese Autorität, die Autorität des Kommentars über den Autor, triumphaler als jene Geschichte vom Ofen des Achnai, die der *Talmud* erzählt. R. Elieser ben Hyrkanos und die Schriftgelehrten stritten nämlich darüber, ob dieser Ofen, der eine besondere Bauart hatte, der Unreinheit im Sinne der Tora fähig sei oder nicht. Schließlich erklärten sie ihn, entgegen der Meinung des R. Elieser, mit Mehrheit als der Verunreinigung fähig. Dazu sagt nun der talmudische Bericht, der eine der berühmtesten Stellen der jüdischen Literatur bildet: »An jenem Tage machte R. Elieser alle Einwendungen der Welt; man nahm sie aber von ihm nicht an. Hierauf sprach er: Wenn die Halacha [die richtige Entscheidung] ist wie ich [das heißt meiner Meinung entspricht], so mag das dieser Johannisbrotbaum beweisen. Da rückte der Johannisbrotbaum hundert Ellen von seinem Orte fort; manche sagen: vierhundert

---

[9] Diese These scheint zuerst von Moses Graf in Prag aufgestellt worden zu sein; vgl. dessen *Wa-jakhel Mosche*, Dessau 1699, Bl. 45b und 54a.

Ellen. Sie erwiderten: Man bringt keinen Beweis von einem Johannisbrotbaum. Hierauf sprach er: Wenn die Halacha wie ich ist, so mag dies dieser Wasserarm beweisen. Da trat der Wasserarm zurück. Sie erwiderten: Man bringt keinen Beweis von einem Wasserarm. Hierauf sprach er: Wenn die Halacha ist wie ich, so mögen dies die Wände des Lehrhauses beweisen. Da neigten sich die Wände des Lehrhauses und drohten einzustürzen. Da schrie sie Rabbi Josua an und sprach zu ihnen: Wenn die Gelehrten einander in der Halacha bekämpfen, was geht dies euch an! Sie stürzten hierauf nicht ein, der Ehre des Rabbi Josua wegen, und richteten sich auch nicht gerade auf, der Ehre des Rabbi Elieser wegen; sie stehen noch jetzt geneigt. Hierauf sprach er: Wenn die Halacha ist wie ich, so mögen es aus dem Himmel beweisen. Da erscholl eine Stimme vom Himmel und sprach: Was habt ihr gegen Rabbi Elieser? Die Halacha ist stets wie er. Da stand Rabbi Josua auf und sprach [*Deuteronomium* 30:12]: Sie ist nicht im Himmel. Was heißt: Sie ist nicht im Himmel? R. Jirmeja erwiderte: Die Tora ist bereits vom Berge Sinai her verliehen worden [und befindet sich also nicht mehr im Himmel]. Wir achten auf keine himmlische Stimme, denn bereits am Berge Sinai hast Du in die Tora geschrieben [*Exodus* 23:2]: Nach der Mehrheit ist zu entscheiden. R. Nathan traf den Propheten Elias und fragte ihn, was der Heilige, gelobt sei er, in dieser Stunde getan habe. Er erwiderte: Er schmunzelte und sprach: Meine Kinder haben mich besiegt, meine Kinder haben mich besiegt.«[10]

Freilich bleibt die Frage: Behält bei solcher Auffassung der Tradition sie ihre Frische, oder erstarrt sie in Alexandrinismus und verliert ihre organische Wachstumskraft, wenn sie überfordert wird? An welchem Punkte lauert hier der Verfall, in dem sie abstirbt? So dringlich diese Frage ist, so schwer ist es, eine Antwort darauf zu geben. So lange die Beziehung des religiösen Bewußtseins zur Offenbarung lebendig ist, besteht von innen her für die Tradition keine Gefahr. Erst mit ihrem Erlöschen erlischt auch die Tradition als lebendige Macht. Für den Betrachter von außen sieht es freilich ganz anders aus. Jeder, der solche Tradition in irgend-

10 *Baba Meziʿa*, Bl. 59b.

einer religiösen Gesellschaft studiert, weiß um diese Antinomie. Für die spätere Christenheit waren zum Beispiel die Schriftgelehrten, die noch den Kirchenvätern als Hüter kostbarer Tradition erschienen, etwas Unbegreifliches und eher Gespenstisches, und das zu einer Zeit, wo das Leben der Tradition von innen mächtig rauschte. Allmacht und Ohnmacht der Tradition wohnen eng beieinander, und alles liegt im Auge des Beschauers.

2

Im Judentum wird die Tradition das reflektive Moment, das sich zwischen das Absolutum des göttlichen Wortes, welches die Offenbarung ist, und dessen Empfänger stellt. Sie setzt damit ein Fragezeichen hinter die Möglichkeit einer Unmittelbarkeit in der Beziehung zum Göttlichen, als welche sie ja eben in der Offenbarung ergriffen wird. Anders gesagt: Kann das göttliche Wort uns unvermittelt treffen, und kann es unvermittelt vollzogen werden? Erfordert es im Sinn der hier dargelegten Annahmen, wie sie die jüdische Tradition gemacht hat, nicht eben seine Vermittlung im Medium dieser Tradition, um überhaupt erfahrbar und damit auch vollziehbar zu werden? Für das rabbinische Judentum lautet die Antwort auf diese Frage: Ja. Jede religiöse Erfahrung nach der Offenbarung ist eine vermittelte. Sie ist die Erfahrung der Stimme Gottes, aber nicht die Erfahrung Gottes. Die Rede von der Stimme Gottes aber ist Anthropomorphismus – ein Faktum, um das die Theologen sich nur allzu gerne herumgedrückt haben. Damit aber sind wir bei den Fragestellungen angelangt, die im Judentum nur in der mystischen Doktrin der Kabbalisten durchdacht worden sind.

Die Kabbalisten, die ja nichts weniger als Häretiker waren, sondern nur um eine Schicht tiefer in den Sinn der jüdischen Begriffe einzudringen suchten als ihre Vorgänger, haben den Schritt von der Tradition der Talmudisten zur mystischen Tradition gemacht. Um aber diesen mystischen Begriff von Tradition zu verstehen, müssen wir einen Schritt zurückgehen und uns den Begriff der Kabbalisten von der Tora als Offenbarung und als Wort Gottes zu vergegenwärtigen suchen. Die Bemühungen der Kabbalisten, das Innere der Tora zu erschließen, die Schrift sozusagen zu dechiffrieren, womit sie zugleich auch zu einem neuen Begriff von Tradition gelangt sind – bedeutet ja das hebräische Wort *Kabbala* eben »Empfangen der Tradition« –, gehen gewiß weit über das hinaus, was im exoterischen Judentum über diese Fragen gedacht worden ist, und doch bleibt ihr Denken spezifisch jüdisch, nur daß sie gewissermaßen die letzten Konsequenzen aus den Annahmen der Talmudisten über Offenbarung und Tradition als religiöse Kategorien gezogen haben.

Die erste Fragestellung, die sich für die Kabbalisten in diesem Zusammenhang erhob, betraf die Frage nach der Natur der Tora, die als »schriftliche Tora« gilt. Was eigentlich kann Gott offenbaren, und worin besteht das sogenannte Wort Gottes, das den Empfängern der Offenbarung zukommt? Ihre Antwort lautet: nichts anderes als sich selbst, wo er Sprache und Stimme wird. Dieser Punkt aber, an dem die göttliche Kraft sich in einem Ausdruck, sei er auch noch so innerlich und verborgen, niederschlägt, ist der *Name* Gottes. Er ist das, was in Schrift und Offenbarung, unter welchen Hieroglyphen immer, zum Ausdruck gelangt, zur Sprache kommt. Er ist in jeder sogenannten Mitteilung, welche die Offenbarung dem Geschöpfe macht, in verschlüsselter Form enthalten. »Denn die Heilige Schrift, als das große Mysterium der Offenbarung Gottes, welches alles in allem enthält, ist eine Hieroglyphe von unendlichen Hieroglyphen, eine ewige Quelle von Geheimnissen, die nie zu erschöpfen, die unaufhörlich neu und herrlich hervorquillt.«[11] Jene geheimen Signaturen [*Rischumim*], die Gott in die Dinge gelegt hat, sind freilich im selben Maße Verhüllungen seiner Offenbarung wie Offenbarung seiner Verhüllung. Und die Schrift dieser Signaturen ist von dem, was wir als Tora, als offenbare Schrift, ansehen, nur durch die unbedingte und unabgelenkte Konzentration unterschieden, mit der diese Signaturen in der letzteren versammelt sind. Die Sprache, die in den Dingen als ihr schöpferisches Prinzip lebt, ist dieselbe, nur daß sie, hier auf ihre eigentliche Essenz konzentriert, nicht (oder doch nur hauchdünn) von dem kreatürlichen Sein, in dem sie

11 Molitor, a.a.O., S. 47.

sich darstellt, verdeckt wird. So ist also die Offenbarung eine solche des Namens oder der Namen Gottes, die etwa die verschiedenen Modi seines tätigen Seins sind. Die Sprache Gottes nämlich hat keine Grammatik. Sie besteht nur aus Namen. Die ältesten Kabbalisten, so etwa Nachmanides, geben an, daß sie diese Auffassung über die Konstitution der Tora als Tradition empfangen hätten, wobei es offenkundig ist, daß es sich dabei ursprünglich um eine Tradition magischen Charakters handelte, die nun in eine mystische transponiert wurde.

Die schöpferische Kraft, die im Namen Gottes, der das eigentliche Wort ist, das Gott von sich aussendet, solcherart versammelt ward, ist weit größer, als jeder menschliche Ausdruck, jedes geschöpfliche Wort fassen könnte. Sie geht niemals in das endliche menschliche Wort ganz ein. Sie stellt ein Absolutum dar, das, in sich selber ruhend – man darf genau so gut sagen: in sich selbst bewegt –, seine Strahlen durch alles sendet, was in allen Welten nach Ausdruck und Gestalt strebt, und gewiß durch alle Sprachen. Die Tora ist also eine Textur (hebräisch 'ariga) aus den Namen Gottes und, wie es dann schon bei den frühesten spanischen Kabbalisten heißt, aus dem einen großen, absoluten Namen Gottes, der die letzte Signatur aller Dinge ist. Sie stellt eine geheimnisvolle Einheit dar, die keineswegs in erster Linie bezweckt, einen spezifischen Sinn zu übermitteln, etwas zu »bedeuten«, vielmehr die Kraft der Gottheit selber zum Ausdruck zu bringen, die in diesem »Namen« konzentriert ist. Mit einem rationalen Verständnis der möglichen sozialen Funktion eines Namens, der ja als solcher überhaupt nicht aussprechbar ist, hat diese Auffassung noch nichts zu tun. Die Tora ist aus diesem Namen aufgebaut, wie ein Baum aus seiner Wurzel hervorwächst oder, um ein anderes beliebtes Bild der Kabbalisten zu benutzen, wie ein Gebäude in kunstvollen Verflechtungen der Bausteine, die letzten Endes doch auf ein einziges Grundmaterial zurückgehen, errichtet wird. Das ist die These, die in den klassischen Schriften der Kabbala in allen möglichen Formen wiederholt wird: »Die ganze Tora ist nichts als der große Name Gottes.« In ihr ist, wie etwa Josef Gikatilla genauer ausgeführt hat, das lebendige Gewebe, das aus dem Tetragrammaton aufgebaut ist, als eine unendlich subtile

Verflechtung der Permutationen und Kombinationen seiner Konsonanten aufgefaßt, die ihrerseits wieder weiteren solchen Prozessen der Kombination unterworfen wurden und so *ad infinitum,* bis sie schließlich für uns in der Form der hebräischen Sätze der Tora erscheinen. Das besagt aber: die Worte, die wir in der schriftlichen Tora lesen, die das vernehmbare »Wort Gottes« ausmachen und eine verständliche Mitteilung enthalten, sind in Wirklichkeit schon Vermittlungen, in denen sich das für uns Unbegreifliche, das absolute Wort, darstellt. Dieses Wort teilt sich ursprünglich in seiner unendlichen Fülle mit, aber diese Mitteilung – und das ist der springende Punkt – ist unverständlich! Sie ist keine Kommunikation, die der Verständigung dient. Erst als Vermitteltes ist solche Mitteilung, die eigentlich nur Ausdruck des Wesens war, auch Kommunikation.

Diese streng mystische Auffassung von der Natur der Offenbarung ist für jede Auseinandersetzung über die Tradition grundlegend. Aus ihr fließen gewichtige Folgerungen. Eine davon ist so radikal, daß sie nur unter symbolischen Verhüllungen vorgetragen wurde. Sie lief auf die Behauptung hinaus, daß es schriftliche Tora im Sinne einer unmittelbaren Offenbarung des göttlichen Wortes als solchen gar nicht gibt. Diese nämlich wäre in der Sophia Gottes beschlossen, wo sie eine Ur-Tora bildet, in der dies »Wort« noch völlig unentfaltet in einer Seinsweise ruht, bei der keine Differenzierung der einzelnen Elemente in Laute oder Buchstaben stattfindet. Die Sphäre, auf der diese Ur-Tora, *Tora kelula,* sich aber zur sogenannten schriftlichen Tora auseinanderlegt, in der es Signaturen (die Formen der Konsonanten) oder Töne und Aussprache gibt, ist selber schon Deutung. Es wurde sogar ein altes Wort des Midrasch, wonach die präexistente Tora vor Gott mit schwarzem Feuer auf weißem Feuer geschrieben gewesen sei, esoterisch dahin gedeutet, das weiße Feuer sei die schriftliche Tora, in der die Form der Buchstaben noch gar nicht hervortritt, vielmehr solche Form erst durch die Kraft des schwarzen Feuers erhielte, welches die mündliche Tora ist. Das schwarze Feuer sei wie die Tinte auf dem Pergament der Tora-Rolle. Damit wäre also impliziert, daß, was wir auf Erden schriftliche Tora nennen, selber schon durch das Medium der mündlichen Tora gegangen ist und darin eine sinnliche Form angenommen hat. Nicht die Schwärze der von der Tinte umrissenen Schrift, die selbst schon eine Spezifikation ist, sondern die mystische Weiße der Buchstaben auf dem Pergament der Rolle, auf dem wir überhaupt nichts sehen, ist die eigentliche schriftliche Tora![12] Schriftliche Tora wäre demnach ein rein mystischer Begriff, der nur für Propheten faßbar wäre, die in diese Schicht eindringen können. Alles aber, was *wir* von der Offenbarung haben, sei mündliche Tradition, die sich entfaltet.

Wenn dieser Gedanke aber nur selten angedeutet wurde, so ist eine andere Folgerung aus dem Prinzip der Tora als des Namens Gottes allgemein anerkannt und für unsere Diskussion in der Tat zentral. Ich meine die These von der unendlichen Sinnesfülle des göttlichen Wortes, wie immer wir dieses auch definieren mögen. Auch das schon in Signaturen eingegangene, streng genommen also schon vermittelte Wort hat noch den Charakter des Absoluten. Wenn es aber ein Wort Gottes gibt, so muß es ja vom menschlichen Worte gänzlich verschieden sein. Es ist umgreifend, allumfassend und kann nicht wie das letztere auf einen spezifischen Sinnzusammenhang allein bezogen werden. Mit anderen Worten: es ist unendlich deutbar, ja es ist das Deutbare schlechthin. Damit sind wir natürlich von den ursprünglichen historischen Annahmen über die Offenbarung als spezifische und positive Mitteilung, von denen wir bei unseren Betrachtungen ausgingen, sehr weit entfernt. Eine ganz andere Perspektive eröffnet sich hier, für die jene Annahmen nur ein exoterisches Gewand ihrer tiefer dringenden Einsicht bildeten. Hier ist die Offenbarung, die keinen spezifischen Sinn hat, das unendlich reichen Sinn Verleihende im Wort. Selber bedeutungslos, ist sie das Deutbare schlechthin. Für die mystische Theologie ist dies ein entscheidendes Kriterium der Offenbarung. In jedem Worte leuchten nun unendlich viele Lichter. Das Urlicht

[12] Vgl. in meinem Buch *Zur Kabbala und ihrer Symbolik*, S. 70–72, aus einem Isaak dem Blinden zugeschriebenen und vielleicht in der Tat authentischen Kommentar zum *Midrasch Konen*. Ich habe dort, S. 49–116, eingehend über die Auffassungen der Kabbalisten über den mystischen Sinn der Tora und besonders über deren Auffassung als Namen Gottes gehandelt und verweise auf die dort gegebenen Quellennachweise.

der Tora, das in den heiligen Buchstaben scheint, bricht sich in den unendlichen Facetten des »Sinns«. Die Kabbalisten benutzen in diesem Zusammenhang stets die Rede von den »siebzig Gesichtern der Tora«, wobei die Zahl Siebzig natürlich für die unerschöpfliche Totalität und Sinnfülle des göttlichen Wortes steht.

Damit aber sind wir bei dem Problem der Tradition, wie es sich für die Kabbalisten stellte, angelangt. Gerade wenn jene Bestimmungen der Offenbarung als des Absoluten, Bedeutunggebenden, aber selbst Bedeutungslosen zutreffen, so gilt eben von ihr, daß sie erst in der kontinuierlichen Beziehung auf die Zeit, in der Tradition sich auseinanderlegt, ihren unendlichen Sinn, der im Einmaligen der Offenbarung nicht ergriffen werden kann, entfaltet. Theologen haben vom Worte Gottes als dem »absolut Konkreten« gesprochen. Das absolut Konkrete ist aber – und in der Dialektik dieses Sachverhaltes gründet die kabbalistische Idee von der Tradition – das Unvollziehbare schlechthin, und gerade seine Absolutheit bedingt seine unendliche Spiegelung in den Möglichkeiten des Vollzugs. Erst in den Spiegelungen, in denen es sich reflektiert, wird es anwendbar und damit der menschlichen Tat als Konkretes auch ergreifbar. Eine unmittelbare, undialektische Anwendung des göttlichen Wortes gibt es nicht. Wenn es sie gäbe, so wäre sie zerstörend. Das sogenannte Konkrete, von dem heutzutage so viel geschwärmt wird und um dessen Glorifizierung eine ganze philosophische Schule sich plagt, ist also, von diesem Standpunkt aus, ein durch vielfache Brechungen Gegangenes, ein Vermitteltes und Reflektiertes. Die Tradition vom Worte Gottes, die für die Kabbalisten die Basis jeder möglichen Tat ist, die diesen Namen verdient, macht es in der Zeit anwendbar. Sie wandelt sich selber mit der Zeit, in der immer neue Facetten des Sinnes aufleuchten und ihren Weg erleuchten, und sie ist, ihrem mystischen Sinne nach, eben deshalb mündliche Tora, weil jede Verfestigung im Schriftlichen gerade das unendlich Bewegte, dauernd Fortschreitende und sich Entfaltende in ihr behindern und zerstören würde, weil sie es versteinern ließe. Daß die mündliche Lehre dann doch, um sie vor Vergessen zu schützen, aufgeschrieben und sogar kodifiziert wurde, war also nicht nur eine rettende, sondern in einem tieferen Sinne zugleich eine unheilvolle Aktion. So geboten sie durch die historischen Umstände des Exils war, so problematisch war sie für das lebendige Wachstum und den Fortbestand der Tradition in ihrem ursprünglichen Sinn. So ist es kein Wunder, daß es ursprünglich, dem talmudischen Bericht nach[13], verboten war, sie aufzuschreiben, und kein Wunder, daß von großen Kabbalisten, zum Beispiel von Nathan Adler in Frankfurt, berichtet wird, daß er nichts geschrieben habe, weil, da die Überlieferung in ihm und seinen Schülern vor dem Vergessen geschützt sei, das Verbot, sie niederzuschreiben, auf ihn Anwendung fände.

Hier liegt nun auch die Auffassung der Tradition als eines Vorgangs, der die Produktivität in der Rezeption hervorruft, klar zutage. Die talmudischen Schriften kennen zwei Typen von Tradenten. Der eine wird von Männern gebildet, die in den Lehrhäusern zur Verfügung standen und die den Text aller alten Traditionen der Schulen auswendig zu reproduzieren imstande waren, reine Rezeptakel, in denen sie aufbewahrt wird, ohne daß sie irgend etwas von ihrer eigenen Forschung hinzufügen. Diese Männer, durch die die Tradition hindurchgeht, ohne bereichert zu werden, sind aber nur ein Notbehelf, sozusagen ein mündliches Buch. Der wirkliche Schriftgelehrte ist der, der mit der Tradition forschend verbunden ist. Für das Bewußtsein der Geschlechter sind nur die Männer des zweiten Typus wahre Träger der Tradition, die eben lebendiges Schaffen im Vernehmen der Offenbarung ist. Gerade da sie das Lebendige des Wortes vernimmt, empfängt und entfaltet, ist die Tradition die Macht, in der Widersprüche und Spannungen keine destruktive, sondern vielmehr anregende und aufbauende Bedeutung haben. Es ist für den, der in der Tradition steht, also leicht, die organische Einheit dieser Widersprüche zu erfassen, gerade weil sie ein dialektisches Verhältnis darstellt, in dem das Wort der Offenbarung entwickelt wird. Sie wäre das nicht und könnte das nicht leisten, wäre sie widerspruchsfrei.

Der Schriftgelehrte und Kommentator erfüllt also eine Aufgabe, die ihm gestellt ist: an seinem Punkte, da wo er steht,

[13] *Gittin*, 60b.

die Tora zu konkretisieren, sie *hic et nunc* anwendbar zu machen, und darüber hinaus diese seine spezifische Form der Konkretisation überlieferbar zu gestalten. Die spätere *Kabbala* stellte den Satz auf, der weiteste Verbreitung gewann, daß jedem einzelnen Juden die Tora ein besonderes, nur ihm allein bestimmtes und erfaßbares Gesicht zuwendet, daß er also seine Bestimmung nur dann eigentlich realisiert, wenn er dies nur ihm zugewandte Gesicht wahrnimmt und in die Überlieferung hineinnimmt. Die »Kette der Überlieferung« reißt nicht ab, denn sie ist die Übersetzung ins Menschliche und Ergreifbare des unausschöpfbaren Wortes Gottes und die Übertragung der Stimme, die in unendlichem Klangreichtum vom Sinai her erklingt. Der Musiker, der in einer Symphonie mitspielt, hat sie nicht komponiert, und doch ist er in einem eminenten Maße an ihrer Produktion beteiligt. Dies gilt freilich nur im Sinne derer, die eine metaphysische Gleichzeitigkeit aller Tradition annehmen. Für die, denen die Tradition die Schöpfung der Historie selber ist, in deren Zeit sich, wie wir sagten, die Offenbarung reflektiert, stellt die Tradition also legitimerweise die höchste Schöpfung des Judentums dar, das sich im genauen Verstande erst in ihr konstituiert.

Für die Kabbalisten war diese Stimme das beständige Medium, das für den Bestand der Tradition grundlegend blieb. Der Einmaligkeit der Offenbarung – und gerade in dem hier analysierten Sinn – steht die Kontinuität der Stimme gegenüber, auf die jeder Träger der Tradition zurückgreift, wie die Texte, die ich nun zur näheren Erläuterung des hier Gesagten vorlegen will, immer wieder betonen. In ihnen handelt es sich darum, den exoterischen Begriff von der Tradition, wie ihn die Talmudisten entwickelt haben, mit dem mystischen Begriff, wie er durch die Annahme der Kabbalisten über das Wesen der Offenbarung bedingt war, zu vereinigen. Diese Stücke, die ich aus zwei der bedeutendsten Werke der späteren kabbalistischen Literatur entnehme, scheinen mir für unsere Betrachtung von erheblicher Bedeutung.

Die ausführlichste Diskussion über das Wesen der Tradition in dieser Literatur befindet sich in dem 1531 verfaßten Werke ʿ*Abhodath ha-Kodesch* des Meïr ben Gabbai, der in der

Türkei schrieb[14]. Ihm war es darum zu tun, nachzuweisen, daß es sich bei der Tradition nicht um eine profane Leistung des menschlichen Denkens und Ermessens handelt, sondern daß sie eben »mündliche Lehre« und Rückgriff auf die Stimme in dem Sinne darstellt, der oben entwickelt wurde. Zugleich suchte er die Frage zu beantworten, wie es möglich, ja notwendig sei, daß in der Tradition so verschiedene Auffassungen über den Vollzug der Tora vorgetragen werden, wo doch die in sich vollkommene Tora die Offenbarung des göttlichen Willens sei. Aus seinen sehr eingehenden Ausführungen zitiere ich hier: »Die höchste Weisheit [die Sophia Gottes, die die zweite Sefira ist] enthält als Grund aller Emanation, die aus dem verborgenen Eden hervorquillt, die wahre Quelle, aus der die schriftliche und die mündliche Tora emanieren und [in die Form der himmlischen Buchstaben und Signaturen] eingeprägt werden. Dieser Quell wird niemals unterbrochen, vielmehr sprudelt er in ständiger Produktion. Würde er auch nur einen Augenblick unterbrochen, so würden alle Kreaturen in ihr Nichtsein zurücksinken, denn dies Sprudeln ist die Ursache dafür, daß Gottes großer Name in seiner Glorie [wie sie von dieser seiner Emanation dargestellt wird] in seiner Einheit erscheint. Auf diesem Quell beruht der Bestand aller Kreaturen, und von ihm heißt es [Psalm 36:10]: Denn bei Dir ist die Quelle des Lebens. Und dies ist ein Leben, das kein Maß und Ende hat und bei dem kein Tod und Vergehen stattfindet. Da nun die Natur des Ursprungs sich auch in dem erhält, was aus ihm ausgeformt wird, folgt notwendigerweise für die Tora, die von dort ausgeht, daß in ihr niemals eine Unterbrechung stattfindet, sondern ihr Quell vielmehr immer sprudelt, um so auf den Ursprung hinzuzeigen, aus dem sie ausgeformt [wörtlich: ausgehauen] ist. Und dies lernen wir aus der Bezeichnung Gottes im Gebet als dessen, der ›die Tora gibt‹ [im Präsens]. Denn jene große Stimme, mit der er sie gegeben hat, ist nicht abgebrochen. Nachdem er uns nämlich seine heiligen Worte gegeben hat und vernehmen ließ, die der Inbegriff der ganzen Tora sind, hat er nicht aufgehört, uns deren Details durch seinen Propheten, den Vertrau-

14 *Abhodath ha-Kodesch,* Lemberg 1857, Teil I, Kap. 21 und 22, sowie Teil III, Kap. 20–24.

ten seines Hauses [das heißt Moses], vernehmen zu lassen. Darauf zielte Onkelos, als er den hebräischen Text von *Deuteronomium* 5:19 über die Stimme Gottes bei der Offenbarung [die dem Wortsinn nach eher umgekehrt verstanden werden konnte] mit ›eine große Stimme, die nicht abbrach‹ wiedergab. Denn jene große Stimme tönt ununterbrochen fort, denn sie ruft mit der ihr innewohnenden ewigen Dauer, und alles, was die Propheten und Schriftgelehrten in allen Generationen gelehrt, angeordnet und an Neuem produziert haben, haben sie eben aus jener Stimme empfangen, die nicht aufhört, in der *implicite* alle Vorschriften, Bestimmungen und Entscheidungen sowie alles, was in irgendeiner Zukunft Neues gesagt werden würde, schon enthalten sind. Sie verhalten sich in allen Generationen zu jener Stimme wie die Trompete zum Mund des Menschen, der sie bläst und eine Stimme nach außen hervorbringt. Dabei findet keinerlei Produktion aus ihrem eigenmächtigen Sinn und Verstand statt, sondern sie bringen, was sie von jener Stimme empfangen haben, als sie am Sinai standen, jetzt aus der Potentialität zur Wirklichkeit hervor. Und wenn die Schrift sagt: All diese Worte hat Gott zu eurer Gemeinde gesprochen, eine große Stimme, die nicht abbricht, so ist das alles hierin inbegriffen. [...] Nicht nur alle Propheten haben ihre Prophetie [aus dieser Stimme] vom Sinai her empfangen, sondern auch die Weisen, die in jedem Geschlecht aufstanden. Ein jeder hat das Seine vom Sinai her empfangen, aus jener kontinuierlichen Stimme, und nicht etwa nach seinem menschlichen Verstand und Ermessen. Und dies verhält sich so, weil die Vollendung der Einheit den Händen der Irdischen anvertraut ist, nach Art des Schriftverses [*Jesaja* 43:10]: Wenn ihr meine Zeugen seid, spricht der Ewige, bin ich Gott. So sind also in diesem Fundament, welches die göttliche Stimme ist, alle Worte angelegt, die je neu gesagt werden können, und der Herr der Welt wollte, daß sie durch die Irdischen Aktualität erhielten, die Gottes Namen gestalten und vollziehen. Jene große Stimme ist das Tor und die Pforte für alle anderen Stimmen, und das ist [der Sinn der Rede von einem] ›Zaun der Einheit‹, und darauf bezieht sich der Psalmenvers ›Dies ist das Tor zu Gott‹, wobei das Tor die mündliche Lehre darstellt, die zu Gott, der die schriftliche Tora ist, führt, über die die mündliche Wacht hält. Hier liegt der Grund für die Umzäunungen und Einschränkungen, die die Schriftgelehrten um die Tora errichtet haben. Weil aber jene Stimme niemals unterbrochen wird und jener Quell immer sprudelt, waren die Verhandlungen der Schriftgelehrten im Talmud notwendig, dessen Redaktoren Rabina und Rab Aschi sich davor zurückhielten, den Strom zu unterbrechen [der eben in diesen Verhandlungen fließt und sichtbar wird]. Und auf diesem Wege sind auch die Schriftgelehrten aller Generationen gegangen, und es gibt keine Vollendung der Tora außer auf diesem Wege. Wenn an jedem Tage neue Lehren [über das Verständnis der Tora] produziert werden, so weist das darauf hin, daß der Quell immer sprudelt und jene große Stimme ununterbrochen forttönt, und daher darf auch die Verhandlung über die Tora keine Unterbrechung leiden, so wenig wie die Produktion neuer Lehre und Gesetze und scharfsinniger Diskussionen. Die Propheten und Schriftgelehrten aber, die um dies Geheimnis wissen, deren Autorität ist die Autorität jener Stimme, aus der sie alles, was sie produziert und gelehrt haben, empfangen haben, und es ist nicht etwa aus ihrem eigenen Sinn und ihrer rationalen Forschung hervorgewachsen.« (III, Kap. 23)

Wie aber die in der Tradition auftretenden Differenzen der Lehrmeinungen von diesem kabbalistischen Standpunkt aus erklärt wurden, erfahren wir aus der Fortsetzung dieser Diskussion bei Meïr ben Gabbai, der sie als die Facetten der Offenbarung erklärt: »Jener Quell [der Emanation, aus dem die Tora stammt], der immer fließt, hat verschiedene Seiten, ein Vorn und ein Hinten, und von da stammen die Unterschiede und Gegensätze und die verschiedenen Auffassungen in bezug auf Rein und Unrein, auf Verbotenes und Erlaubtes, auf Brauchbares und Unbrauchbares, wie das den Mystikern bekannt ist, und die große, kontinuierliche Stimme enthält alle jene verschiedenen Auffassungsweisen, denn in ihr findet kein Mangel statt. Nach der Größe und Stärke jener Stimme treten an ihr die gegensätzlichen Auffassungen hervor, die einander gegenüberstehen, denn der eine hat das ihm zugewandte Gesicht dieser Stimme erfaßt und aus ihm seine Ent-

scheidung für Reinheit, der andere aber für Unreinheit empfangen, je nach dem Ort, an dem ein jeder stand und von dem aus er empfängt. Alles aber kommt aus einem Ursprung her und geht [trotz allen scheinbaren Gegensätzen] zu einem Orte hin, wie es im *Buche Sohar* [III, 6b] auseinandergesetzt wird. Denn die Differenzen und Gegensätze stammen nicht etwa aus verschiedenen Bereichen, sondern aus einem Orte, in dem an sich selber keine Differenz und kein Gegensatz statthat. Im Sinne dieses Geheimnisses besteht ein jeder von den Schriftgelehrten auf seiner Meinung und bringt dafür Beweise aus der Tora, denn gerade auf diese Weise und auf keine andere wird die Einheit [der verschiedenen Aspekte des einen Stroms der Offenbarung] zustande gebracht. Darum liegt es uns ob, die verschiedenen Ansichten zu hören, und in diesem Sinne heißt es: ›Diese und jene sind Worte des lebendigen Gottes.‹ Denn alle hängen letzten Endes von der göttlichen Weisheit ab, in der sie im Ursprung vereinigt sind, wenn das auch für uns unfaßbar ist und das letzte Tor dem Moses verschlossen blieb. Daher scheinen uns die Dinge widersprüchlich und verschieden, aber dies alles nur von unserem Standpunkt aus, weil wir bis zu jenen Punkten nicht vorzudringen vermögen, an denen die Widersprüche aufgehoben werden. Und nur weil wir nicht zwei widersprechende Aussagen zugleich aufrechterhalten können, wird die Halacha nach einer der zwei Meinungen festgesetzt, obwohl von seiten des Gebenden alles eins ist. Von unserer Seite aber erscheint es als Vielfalt und verschiedene Meinungen, und die Halacha ist der Meinung der Schule Hillels gemäß festgesetzt worden.«
Die größte Verbreitung erlangte diese Auffassung vor allem durch die Autorität des Jesaja Horowitz (um 1565–1630), der in seinem großen Werk *Die zwei Bundestafeln* eine unübertroffene Synopsis des rabbinischen und kabbalistischen Judentums gab. Er entwickelt, im Anschluß an die eben zitierten Ausführungen, die religiöse Dignität der schöpferischen Tradition, indem er von der Erklärung eines besonders zugespitzten talmudischen Wortes ausgeht, in dem es heißt: »Der Heilige, gelobt sei er, sagt Tora aus dem Munde aller Rabbinen.«[15] Er sagt dazu: »Einige haben dieses Wort damit

15 *Chagiga*, 15b.

erklärt, daß sie es auf die Bitte bezogen, die wir im Gebet aussprechen: ›Gib uns unseren Anteil an Deiner Tora‹, was soviel heißen will wie: gib uns einen Anteil an der Tora, die Gott selber lernt, oder aber: mögen wir dessen würdig werden, daß er eine Lehre in unserem Namen sagt. Und zwar verhält es sich damit so: Die Schriftgelehrten produzieren neue Worte [im Verständnis der Tora] oder leiten sie aus der Kraft ihres Scharfsinns ab; alles aber war in der Kraft jener Stimme, die bei der Offenbarung vernommen wurde, enthalten, und nun ist die Zeit gekommen, daß sie sie kraft ihrer Meditation aus der Potenz zur Aktualität hervorbringen. Gott aber ist groß und mächtig an Kraft, und seinem Verständnis ist keine Grenze gesetzt, denn von seiten der Potentialität gibt es [bei dieser Stimme] keine Unterbrechung, vielmehr ist sie grenzenlos und endlos, und all dies [was die Weisen aus ihr vernehmen] richtet sich nach dem Maß der Erneuerung und dem Ursprung der Seelen in jeder Generation sowie nach dem Vermögen der Irdischen, welche die obere Kraft anregen. So ergibt sich denn, daß wir von Gott zwar sagen können, daß er ›die Tora gegeben hat‹ [in der Vergangenheit], zugleich aber auch [in jeder Gegenwart] als der bezeichnet werden kann, der ›die Tora gibt‹. Zu jeder Zeit und Stunde sprudelt die Quelle ohne Unterbrechung, und was er jeweilig gibt, ist der Potenz nach in dem enthalten, was er [am Sinai] gegeben hat. Ich will das Wesentliche dieser Sache noch weiter erklären. Wir sehen ja, daß in jeder Generation der Bereich der Erschwerungen [die die Rabbinen im Gesetz vornehmen] sich weiter ausbreitet. In den Tagen unseres Lehrers Moses war nur verboten, was er ausdrücklich am Sinai als solches empfangen hatte. Immerhin fügte er hier und da Anordnungen für einen besonderen Zweck, für den sich Anlaß ergab, hinzu, und so nach ihm die Propheten und die Schriftgelehrten und jede Generation und ihre Forscher. Je mehr nämlich das Gift der Schlange sich ausbreitet, desto mehr bedarf es der schützenden Zäune, und davon heißt es [*Ekklesiastikus* 10:8]: Wer den Zaun durchbricht, den beißt die Schlange. Der Heilige, gelobt sei er, hat uns [in der Tora] 365 Verbote gegeben, um das Gift der Schlange nicht wirksam werden zu lassen. Je mehr dieses Gift sich in einer Generation ausbreitet, desto mehr bedarf es der weiteren Ausbreitung auch des Bereiches der Verbote. Wäre dem schon zur Zeit, als die Tora gegeben wurde, so gewesen, so wären alle diese Verbote in der Tora niedergeschrieben worden; so aber ist all dies in dem, was die Tora verboten hat, *implicite* enthalten, denn bei all diesem handelt es sich um eine einzige Sache [nämlich die Bekämpfung des Giftes der Schlange]. Daher hat Gott befohlen: Errichtet eine Wacht um die Wacht[16], das heißt: verfahret nach dem jeweiligen Sachverhalt. So stammt denn alles, was an Erschwerungen [beim Vollzug der Tora] in jeder Generation zugefügt werden mußte, aus der Autorität der Tora. Denn wie das Gift der Schlange sich ausbreitet und immer mehr davon aus der Potenz in die Wirklichkeit übergeht, gilt der Satz[17], daß Gott sowohl den bösen Trieb wie auch das Gewürz gegen ihn geschaffen hat, und wir brauchen dann Anregung von oben, um auch die [weiteren] Verbote aus der Potenz in die Wirklichkeit zu überführen, bis wir dereinst [bei der Erlösung] wieder mit dem höchsten Urquell verbunden sein werden [wodurch dann die Verbote hinfällig werden].

Ich muß aber noch weitere Geheimnisse enthüllen, die mit dieser Sache zusammenhängen, um begreiflich zu machen, daß alle Worte der Weisen Worte des lebendigen Gottes sind [also religiöse Dignität haben]. Und dadurch wird verständlich werden, was der Talmud im Traktat ʿErubin [Bl. 13b] sagt: ›Rabbi Abba sagte im Namen des Rabbi Samuel: Drei Jahre stritten die Schule Schammais und die Schule Hillels. Jene sagten, die Halacha ist nach uns zu entscheiden, und diese sagten, die Halacha ist nach uns zu entscheiden. Da ging eine göttliche Stimme hervor und sagte: Die einen und die andern sind Worte des lebendigen Gottes, die Halacha jedoch ist nach der Schule Hillels zu entscheiden.‹ Rabbi Jomtob ben Abraham aus Sevilla hat darüber in seinen Erläuterungen geschrieben, daß die Rabbinen Frankreichs die Frage aufgeworfen hätten: Wie ist es möglich, daß beide Worte des lebendigen Gottes sind, wo doch der eine verbietet, was der andere erlaubt? Ihre Antwort war, daß, als

---

16 *Jebamoth*, 21a, als Deutung von *Levitikus* 18:30.
17 *Baba Bathra*, 16a.

Moses zur Höhe aufstieg, um die Tora in Empfang zu nehmen, man ihm für jedes Problem 49 Gründe für ein Verbot und 49 Gründe für eine Erlaubnis gezeigt habe. Er habe Gott darüber befragt und die Antwort erhalten, daß dies den Weisen Israels in jeder Generation anheimgestellt ist und die Entscheidung ihnen überlassen bleibt. Und dies – sagt der Gelehrte aus Sevilla – ist der talmudischen Erklärung nach richtig; der Kabbala nach gibt es aber einen besonderen Grund bei der Sache. Mir scheint aber, daß der Ausspruch des Talmuds: diese und jene sind Worte des lebendigen Gottes, *prima facie* nur berechtigt ist, wo es möglich ist, die Worte beider Parteien zugleich gelten zu lassen. Das trifft zum Beispiel auf die Stelle im Talmud zu, wo es in *Gittin* [Bl. 6b] über die Untreue des Kebsweibs in Gibea [*Richter* 19:2] heißt, ›Als einst R. Ebjathar den Propheten Elias traf und ihn fragte, womit der Heilige, gelobt sei er, sich befasse, erwiderte dieser: Mit der Geschichte vom Kebsweib zu Gibea [über die Ebjathar und sein Kollege Jonathan verschiedene Meinungen geäußert hatten]. Und was sagt er hierzu? [– fragte der Rabbi den Elias]. Mein Sohn Ebjathar sagt so, und mein Sohn Jonathan sagt so. Sprach der Rabbi: Gibt es denn etwa bei Gott einen Zweifel? Elias erwiderte: Diese und jene sind Worte des lebendigen Gottes.‹ Es ist nämlich möglich, die Worte beider gelten zu lassen. Wo es sich aber darum handelt, daß der eine etwas verbietet, was der andere erlaubt, ist es ja unmöglich, die Worte beider gelten zu lassen. Fällt doch die Entscheidung nach der Seite des einen aus, und wir lassen die Worte seines Diskussionspartners nicht gelten. Wenn aber auch diese als Worte des lebendigen Gottes angesehen werden, wie kann ein Wort von seinen Worten hinfällig werden? So kann der Sinn sich nicht bei den Worten der französischen Rabbinen beruhigen, die für diesen Fall nicht ausreichen. Wohl aber kann er sich bei dem Grund und Geheimnis beruhigen, das nach der kabbalistischen Tradition hierbei stattfindet, wie das der Rabbi aus Sevilla angedeutet hat. Und über den Vers [*Ekklesiastikus* 12:11] ›Die Worte der Weisen sind wie Stacheln, und wie eingepflanzte Nägel die Gesammelten; sie sind von *einem* Hirten gegeben‹, heißt es im Traktat *Chagiga* [Bl. 3b]: ›Die Gesammelten, das sind die Schriftgelehrten, die in Versammlungen sitzen und sich mit der Tora befassen; die einen erklären als unrein, und die anderen erklären als rein; die einen verbieten, und die anderen erlauben; die einen erklären als unbrauchbar, und die anderen erklären als brauchbar. Vielleicht sagt jemand: Wenn dem so ist, wie kann ich demnach das Gesetz studieren? Darum sagt die Schrift weiter: Sie sind von *einem* Hirten gegeben; ein Gott hat sie gegeben, ein Walter [Moses] hat sie gesagt, aus dem Munde des Herrn allen Tuns, gelobt sei er, wie es heißt [*Exodus* 20:1]: Und Gott sprach all diese Worte. Und auch du mache dein Ohr wie einen Trichter und verschaffe dir ein verständiges Herz, um die Worte der als unrein Erklärenden und die Worte der als rein Erklärenden, die Worte der Verbietenden und die Worte der Erlaubenden, die Worte der als unbrauchbar Erklärenden und die Worte der als brauchbar Erklärenden zu verstehen.‹ So haben wir denn hier das Zeugnis, daß alle Differenzen der Meinungen und Ansichten, die einander widersprechen, von einem Gott gegeben und von einem Walter gesagt sind. Dies scheint dem menschlichen Verstand ganz fern zu liegen, und es ist seiner Konstitution versagt, es zu erfassen, wenn ihm nicht der gebahnte Weg Gottes, der Weg, auf dem das Licht der Kabbala wohnt, eine Hilfe gibt.«[18]

Echte Tradition also, wie alles Schöpferische, ist der jüdischen Auffassung keine Leistung der menschlichen Produktivität allein. Sie kommt aus einem Urgrund, und es trifft auf sie zu, was Végh einmal von Max Scheler zitiert hat: »Der Künstler ist nur Mutter des Kunstwerks, der Vater ist Gott.« Die Tradition ist eine der großen Leistungen, in der die Beziehung des menschlichen Lebens auf seine Grundlagen realisiert wird. Sie ist die lebendige Berührung, in der der Mensch die uralte Wahrheit ergreift und über alle Geschlechter hin in der Zwiesprache des Gebens und Nehmens sich mit ihr verbindet.

---

18 Vgl. Jesaja Horowitz, *Schne Luchoth ha-Brith*, Amsterdam 1698, Bl. 25b/26a.

Zum Verständnis der messianischen Idee
im Judentum

I

Eine Erörterung des messianischen Problemkomplexes betrifft einen delikaten Bereich. Ist es doch hier, daß der essentielle Konflikt zwischen Judentum und Christentum sich entscheidend entwickelt hat und fortbesteht. Es wird für unsere Erörterungen, wenn sie sich auch nicht auf diesen Konflikt beziehen, sondern innerjüdische Perspektiven des Messianismus betreffen, doch von Bedeutung sein, uns den Zentralpunkt dieses Konfliktes zu vergegenwärtigen. Es ist ein völlig anderer Begriff von Erlösung, der die Haltung zum Messianismus im Judentum und Christentum bestimmt, und gerade, was dem einen als Ruhmestitel seines Verständnisses, als positive Errungenschaft seiner Botschaft erscheint, wird vom anderen am entschiedensten abgewertet und bestritten. Das Judentum hat, in allen seinen Formen und Gestaltungen, stets an einem Begriff von Erlösung festgehalten, der sie als einen Vorgang auffaßte, welcher sich in der Öffentlichkeit vollzieht, auf dem Schauplatz der Geschichte und im Medium der Gemeinschaft, kurz, der sich entscheidend in der Welt des Sichtbaren vollzieht und ohne solche Erscheinung im Sichtbaren nicht gedacht werden kann. Demgegenüber steht im Christentum eine Auffassung, welche die Erlösung als einen Vorgang im »geistlichen« Bereich und im Unsichtbaren ergreift, der sich in der Seele, in der Welt jedes einzelnen, abspielt, und der eine geheime Verwandlung bewirkt, der nichts Äußeres in der Welt entsprechen muß. Selbst die *civitas dei* des Augustin, die unter den Bedingungen der christlichen Dogmatik am weitestgehenden versucht hat, die jüdischen Kategorien der Erlösung im Interesse der Kirche zugleich beizubehalten und umzudeuten, ist eine Gemeinschaft der auf unbegreifliche Weise Erlösten innerhalb einer unerlösten Welt. Was dem einen unabdingbar am Ende der Geschichte und in derem äußersten Blickpunkt stand, stand dem anderen vielmehr im wahren Zentrum des historischen, freilich als »Heilsgeschichte« nunmehr sonderbar aufmontierten Prozesses. War die Kirche davon überzeugt, mit dieser Auffassung der Erlösung einen äußerlichen, ja ans Materielle gebundenen Begriff überwunden und ihm einen neuen Begriff von höherer Dignität gegenübergestellt zu haben, so war es gerade diese Überzeugung, die von jeher dem Judentum als alles andere als ein Fortschritt erschien. Die Umdeutung der prophetischen Verheißungen der Bibel auf einen Bereich der Innerlichkeit, von dem alles an diesen Verkündigungen soweit abzuliegen schien wie möglich, erschien den religiösen Denkern des Judentums stets als eine illegitime Vorwegnahme von etwas, das im besten Falle als die Innenseite eines sich entscheidend im Äußeren vollziehenden Vorgangs in Erscheinung treten konnte, nie aber ohne diesen Vorgang selbst. Was dem Christen als tiefere Auffassung eines Äußerlichen erschien, das erschien dem Juden als dessen Liquidation und als eine Flucht, die sich der Bewährung des messianischen Anspruchs innerhalb seiner realsten Kategorien unter Bemühung einer nicht existierenden reinen Innerlichkeit zu entziehen suchte.

Innerhalb dieses Rahmens eines niemals aufgegebenen Anspruchs auf Erfüllung der messianischen Idee in ihrer ursprünglichen Vision hat sich die Geschichte dieser Idee im Judentum abgespielt. Die Erwägungen, die ich im folgenden vorlegen will, betreffen die besonderen Spannungen in der messianischen Idee und ihrer Auffassung im rabbinischen Judentum. Sie vollziehen sich innerhalb einer festen Tradition, um deren Verständnis es hier geht, aber auch wo das nicht ausdrücklich gesagt wird, steht oft genug ein polemischer Seitenblick oder eine, wenn auch verhohlene Auseinandersetzung mit den Ansprüchen des christlichen Messianismus. Einige der Dinge, die ich hier in Kürze resümieren will, verstehen sich von selbst und sind kaum Gegenstand gelehrter Kontroversen, aber von anderen dürfte dies keineswegs gesagt werden können, und soviel auch über die Geschichte des Messianismus verhandelt worden ist, ist hier Platz für eine schärfere Analyse dessen, was die spezifische Lebendigkeit dieses Phänomens in der Religionsgeschichte des Judentums ausmacht. Ich will hierbei nicht mit historischen und mythologischen Analysen der Entstehung des messianischen Glaubens in den biblischen Texten oder in der Religionsgeschichte überhaupt konkurrieren, wie sie von ausgezeichneten Gelehrten wie Josef Klausner, Willi Staerk, Hugo Greßmann, Sigmund Mowinckel und vielen anderen angestellt worden sind.[1] Nicht das Werden der messianischen Idee bildet den Gegenstand dieser Ausführungen, sondern die verschiedenen Perspektiven, unter denen sie nach ihrer Kristallisierung im historischen Judentum wirksam geworden ist. Dabei muß betont werden, daß in der Geschichte des Judentums diese Wirkung sich fast ausschließlich unter den Bedingungen des Exils als einer primären Realität des jüdischen Lebens und der jüdischen Geschichte abgespielt hat, und diese Realität verleiht einer jeden unter den verschiedenen Auffassungen, von denen wir hier zu reden haben werden, ihre besondere Farbe.

Im rabbinischen Judentum als einem sozial-religiösen Phänomen sind, gerade wo es sich am lebendigsten darstellt, drei Arten von Kräften wirksam: konservative, restaurative und utopische Kräfte. Die konservativen Kräfte gehen aus auf die Erhaltung des Bestehenden, das in der historischen Umwelt des Judentums ja stets gefährdet war. Es sind dies die am stärksten sichtbaren, sogleich ins Auge fallenden Kräfte, die in diesem Judentum wirken. Sie haben sich am nachhaltigsten in der Welt der *Halacha,* beim Aufbau und der fortdauernden Bewahrung und Entwicklung des Religionsgesetzes ausgewirkt. Dies Gesetz bestimmte die Lebenshaltung des Juden im Exil, den Rahmen, innerhalb dessen ein Leben im Licht der Offenbarung vom Sinai allein möglich schien, und es ist kein Wunder, daß es vor allem die konservativen Kräfte auf sich zog. Die restaurativen Kräfte sind solche, die auf Zurückführung und Wiederherstellung eines vergangenen, nunmehr als ideal empfundenen Zustands gerichtet

---

[1] Vgl. Joseph Klausner, *The Messianic Idea in Israel from its beginning to the completion of the Mishnah,* New York 1955; Hugo Greßmann, *Der Messias,* Göttingen 1929; Lorenz Dürr, *Ursprung und Ausbau der israelitisch-jüdischen Heilandserwartung,* Berlin 1925; Willi Staerk, *Die Erlösererwartung in den östlichen Religionen,* Stuttgart 1938; Sigmund Mowinckel, *He That Cometh, The Messianic Concept in the Old Testament and Later Judaism,* Oxford 1956.

sind, genauer gesagt, auf einen Zustand, wie er sich in der historischen Phantasie und dem Gedächtnis der Nation als ein Zustand idealer Vergangenheit darstellt. Hier ist die Hoffnung nach rückwärts gerichtet, auf die Wiederherstellung eines ursprünglichen Standes der Dinge und auf ein »Leben mit den Vätern«. Dazu treten aber als Drittes vorwärtstreibende und erneuernde Kräfte, die von einer Vision der Zukunft genährt sind und unter utopischer Inspiration stehen. Sie gehen auf einen Stand der Dinge aus, der noch nie da war. Im Wirkungsfeld dieser Kräfte erscheint das Problem des Messianismus im historischen Judentum. Freilich, die konservativen Tendenzen, so groß und geradezu entscheidend ihr Anteil und ihre Bedeutung für das Bestehen der religiösen Gesellschaft des Judentums war, haben an der Ausbildung des Messianismus innerhalb dieser Gesellschaft keinen Anteil. Wohl aber die beiden anderen Tendenzen, die ich als Restauration und Utopie charakterisieren würde. Beide Tendenzen sind tief ineinander verschlungen und doch zugleich gegensätzlicher Natur, und nur aus beiden heraus kristallisiert sich die messianische Idee. Nie fehlen sie ganz in den historischen und ideologischen Erscheinungen des Messianismus. Wohl aber ist die Proportion zwischen ihnen den stärksten Schwankungen ausgesetzt. In verschiedenen Gruppen der jüdischen Gesellschaft liegt der Akzent an ganz verschiedenen Einsatzstellen solcher Kräfte und Tendenzen. Nie hat es hier im Judentum ein harmonisches Ausgewogensein zwischen dem restaurativen und dem utopischen Moment gegeben. Manchmal erscheint die eine Tendenz unter maximaler Betonung, während die andere auf ein Minimum reduziert wird, aber niemals finden wir einen »reinen Fall« der ausschließlichen Auswirkung oder Kristallisation der einen dieser Tendenzen. Der Grund hierfür ist klar: auch das Restaurative hat utopische Momente und in der Utopie werden restaurative Momente wirksam. Die restaurative Tendenz selber, auch wo sie sich als solche versteht – wie etwa bei Moses ben Maimon, auf dessen Darlegungen über die messianische Idee ich noch ausführlicher zu sprechen komme – wird in nicht geringem Maße von utopischen Momenten genährt, die nunmehr als Projektion auf die Vergangenheit anstelle von Projektionen auf die Zukunft erscheinen. Auch hierfür ist der Grund klar. Es gibt einen gemeinsamen Grund der messianischen Hoffnung. Die Utopie, die dem Juden jener Epoche die Vision eines Ideals vor Augen stellt, wie er es verwirklicht sehen möchte, zerfällt selber auf natürliche Weise in zwei Kategorien. Sie kann die radikale Form der Vision eines neuen Inhalts annehmen, der von einer Zukunft realisiert werden soll, die doch im Grunde nichts sein soll als die Wiederherstellung des Uralten, die Wiederbringung des Verlorengegangenen. Dieser ideale Inhalt des Vergangenen liefert zugleich die Grundlage für die Vision der Zukunft. Aber in solche restaurativ ausgerichtete Utopie schleichen sich bewußt oder unbewußt Elemente ein, die gar nichts Restauratives an sich haben, und die sich aus der Vision eines ganz neuen, messianisch zu verwirklichenden Standes der Welt herschreiben. Das ganz Neue hat Elemente des ganz Alten, aber auch dieses Alte selber ist gar nicht das realiter Vergangene, sondern ein vom Traum Verklärtes und Verwandeltes, auf das der Strahl der Utopie gefallen ist[2]. So sind hier in der dialektisch verschlungenen Spannung zwischen den utopischen und restaurativen Momenten tiefe Spannungen auch in den Gestaltungen des Messianismus im rabbinisch kristallisierten Judentum gegeben – geschweige denn in den Interiorisationen dieser Momente, wie sie sich etwa in der jüdischen Mystik vollzogen haben. Einige Hauptformen dieser Gestaltungen sollen hier entwickelt werden, die uns zugleich über die hier zum Ausdruck gelangenden Spannungen ins Reine setzen werden.

---

2 Für den Begriff des Utopischen in den folgenden Ausführungen sei vor allem auf die Analysen dieser Kategorie verwiesen, die Ernst Bloch in seinen beiden Werken *Geist der Utopie,* München 1918, und *Das Prinzip Hoffnung,* Berlin 1954/59, gegeben hat. Auch wer vielen Darlegungen Blochs mit großen Reservationen gegenübersteht, wird die Energie und den Tiefblick rühmen müssen, mit der diese Erörterung des Utopischen bei ihm angefaßt und durchgeführt wird. Die marxistische Montage seines zweiten Werkes steht in schlechtverhohlenem Widerstreit zu der mystischen Inspiration, der (wie sein erstes Werk beweist) Blochs beste Einsichten im wesentlichen verpflichtet sind und die er durch einen wahren Dschungel marxistischer Rhapsodien nicht ohne Mut hindurchgerettet hat.

In seiner Erscheinung als lebendiger Macht in der Welt des Judentums, und gerade auch in der des mittelalterlichen Judentums, das so ganz in die Welt der *Halacha* versponnen scheint, tritt der messianische Gedanke stets in engster Verbindung mit Apokalyptik auf. Die messianische Idee bildet dabei gleicherweise einen Inhalt des religiösen Glaubens überhaupt wie auch eine lebendige, akute Erwartung. Die Apokalyptik erscheint dabei als die notwendig sich bildende Gestalt des akuten Messianismus.

Es versteht sich von selbst und bedarf im Zusammenhang dieser Erörterungen wohl keiner Begründung, daß die messianische Idee nicht nur als Offenbarung eines abstrakten Satzes von der Hoffnung der Menschheit auf Erlösung entstanden ist, sondern in jeweils sehr bestimmten historischen Zusammenhängen. Die Weissagungen oder Botschaften der biblischen Propheten kommen ebensosehr aus Offenbarung wie aus der Not und Verzweiflung derer, an die sie sich richten; sie sind aus Situationen heraus gesprochen und haben ihre Wirkung immer wieder in Situationen bewährt, in denen das Ende als unmittelbar bevorstehend, als etwa über Nacht jäh hereinbrechend empfunden wurde. Freilich liegt hier in den Weissagungen der Propheten noch keinerlei in sich geschlossene Auffassung des Messianismus vor, sondern wir haben es mit einer Vielfalt verschiedener Motive zu tun, wobei das überaus stark betonte utopische Moment, die Vision von einer besseren Menschheit am Ende der Tage, mit restaurativen Momenten, wie der Wiederherstellung eines als ideal gedachten davidischen Reiches, durchsetzt ist. Diese messianische Botschaft der Propheten betrifft den Menschen als Ganzes und entwirft Bilder von den Vorgängen in der Natur und in der Geschichte, durch die Gott spricht, in denen sich das Ende der Tage ankündigt oder realisiert. Nie betreffen diese Visionen den einzelnen als solchen, nie auch erheben diese Verkündigungen einen Anspruch auf irgendein besonderes, »geheimes« Wissen, das sich etwa auf einen nicht jedermann wahrnehmbaren inneren Bereich bezöge. Demgegenüber liegt in den Worten der Apokalyptiker schon eine Verschiebung der Anschauung vom Inhalt der Prophetie vor. Diesen anonymen Autoren von Schriften wie dem biblischen *Buche Daniel*, den zwei *Henoch-Büchern*, dem vierten *Buch Esra*, den *Baruch-Apokalypsen* oder den *Testamenten der zwölf Patriarchen* – um nur einige Dokumente dieser einmal offenbar überreich geflossenen Literatur zu nennen – liefern die Worte der alten Propheten schon einen Rahmen, auf den sie sich beziehen und den sie auf ihre Weise ausgestalten und erfüllen.

Hier zeigt Gott nun dem Seher nicht mehr einzelne Momente des historischen Geschehens oder eine Vision von dessen Ende allein, sondern er sieht vielmehr die ganze Geschichte vom Anfang bis zum Ende, unter besonderer Betonung des Heraufkommens jenes neuen Äons, der sich in den messianischen Ereignissen durchsetzt und manifestiert. So wird schon für den Pharisäer Josephus Adam, der erste Mensch, zu einem Propheten, der nicht nur die Wasserflut zu Noahs Zeiten, sondern auch die Feuerflut am Weltende, und damit offenbar die gesamte Historie, in seiner Vision umfaßt[3]. Und ganz ähnlich hat es die talmudische *Aggada* gesehen. Gott zeigt dem Adam, aber auch dem Abraham oder dem Moses alles Vergangene und alles Künftige, den gegenwärtigen und den kommenden Äon[4]. Auch der endzeitliche Priester (priesterliche Messias) des *Habakuk*-Kommentares der Sektierer vom Toten Meer wird imstande sein, die Visionen der alten Propheten über den Gesamtverlauf der Geschichte Israels in allen ihren nun voll sichtbar werdenden Zügen zu deuten. Bei dieser Ausdeutung der Visionen der alten Propheten oder auch der neuen Apokalyptiker selber gehen Motive zeitgeschichtlicher Natur, die sich auf die gegenwärtigen Verhältnisse und Nöte beziehen, eng verschlungen mit solchen endgeschichtlicher, eschatologischer Natur, in denen nicht nur die Erfahrungen der Gegenwart wirksam werden, sondern oft genug alte mythische Bilder mit utopischem Inhalt erfüllt werden. Hierbei werden, wie den Erforschern der Apokalyptik von jeher mit Recht aufgefallen ist, die

---

[3] Flavius Josephus, *Altertümer* I, 70.
[4] *Midrasch Tanchuma*, Abschnitt *Mass'e*, § 4; *Midrasch Breschith Rabba*, ed. Theodor S. 445.

alten Prophetien von der neuen Eschatologie an einem entscheidenden Punkte überschritten. Die Worte Hoseas, Amos' oder Jesajas kennen nur eine Welt, in der auch die großen Ereignisse der Endzeit sich abspielen, und ihre Eschatologie ist nationaler Natur. Sie spricht von der Wiederaufrichtung der verfallenen Hütte Davids, von der künftigen Glorie eines zu Gott zurückgekehrten Israel ebenso wie von dem ewigen Frieden und der Hinwendung aller Völker zu dem einen Gotte Israels, der Abwendung von den heidnischen Kulten und Bildern. Demgegenüber kam in der Apokalyptik die Lehre von den zwei Äonen auf, die einander folgen und die in antithetischem Verhältnis zueinander stehen: diese Welt und die künftige Welt, die Herrschaft der Finsternis und die des Lichtes. Die nationale Antithese zwischen Israel und den Heiden wird zu einer kosmischen Antithese erweitert, in der die Bereiche des Heiligen und der Sünde, der Reinheit und der Unreinheit, des Lebens und des Todes, des Lichtes und der Finsternis, Gottes und der widergöttlichen Mächte sich gegenüberstehen. Zu dem nationalen Inhalt der Eschatologie tritt ein weiter kosmischer Hintergrund, auf dem sich der Endkampf zwischen Israel und den Heiden abspielt, und damit kommen die Vorstellungen von der Auferstehung der Toten, von Lohn und Strafe im Jüngsten Gericht, von Paradies und Hölle hoch, in denen neben die Verheißungen und Drohungen an die Nation die einer individuellen Vergeltung in der Endzeit treten. All dies sind Vorstellungen, die sich nun aufs engste mit den alten Prophetien verbinden; deren Worte, die in ihrem ursprünglichen Zusammenhang so klar und unverstellt erscheinen, werden von nun an selber zu Rätselworten, Allegorien und Mysterien, die in apokalyptischer Homiletik oder eigener apokalyptischer Vision gedeutet, um nicht zu sagen dechiffriert werden. Und damit ist der Rahmen gegeben, in dem die messianische Idee nun ihre historische Wirkung beginnt.

Dazu kommt aber ein weiteres Moment. Apokalypsen sind, wie der Sinn des griechischen Wortes anzeigt, Offenbarungen oder Enthüllungen des bei Gott verborgenen Wissens über das Ende. Das heißt: Was den alten Propheten als ein Wissen zukam, das gar nicht laut und öffentlich genug verkündet werden konnte, wird in den Apokalypsen zum Geheimnis. Es gehört zu den Rätseln der jüdischen Religionsgeschichte, die von keinem der vielen Erklärungsversuche befriedigend beantwortet worden sind, was eigentlich der wahre Grund dieser Metamorphose ist, die das Wissen um das messianische Ende, wo es den prophetischen Rahmen der biblischen Texte überschreitet, zum esoterischen Wissen macht. Warum versteckt sich der Apokalyptiker, anstatt wie die Propheten selber der feindlichen Macht seine Vision ins Gesicht zu schreien? Warum lädt er die Verantwortung für seine unheilschwangeren Gesichte den Heroen des biblischen Altertums auf und warum gönnt er sie nur den Auserwählten oder Eingeweihten? Ist es Politik? Ist es ein verändertes Bewußtsein von der Konstitution dieses Wissens? Es liegt etwas Beunruhigendes in dieser Transzendierung des Prophetischen, das zugleich die Einschränkung seines Wirkungsbereichs mit sich bringt. Es kann kein Zufall sein, daß fast ein Jahrtausend lang sich dieser Charakter des apokalyptischen Wissens auch bei den Erben der alten Apokalyptiker im rabbinischen Judentum erhalten hat. Es tritt bei ihnen an die Seite des gnostischen Wissens von der Merkaba, der Thronwelt Gottes und ihren Mysterien, von der ja auch nur, so sprengend dieses Wissen in sich selber war, im Flüsterton berichtet werden konnte. Nicht umsonst enthalten die Schriften der Merkaba-Mystiker im Judentum auch immer apokalyptische Kapitel[5]. Je stärker der Realitätsverlust der historischen Welt des Judentums in den Stürmen des Untergangs des zweiten Tempels und der antiken Welt, desto intensiver wird das Bewußtsein vom Chiffre-Charakter und dem Mysterium der messianischen Botschaft, die doch stets gerade auch die Wiederherstellung jener verlorenen Realität betraf, so wenig sie sich auch in ihr erschöpfte.

Auf eine fast natürliche Weise ordnen sich in der messianischen Apokalyptik die alten Verheißungen und Traditionen und die neuen Motive, Deutungen und Umdeutungen, die an ihre Seite treten, unter den zwei Aspekten, die die messianische Idee von nun an für das jüdische Bewußtsein annimmt

[5] Vgl. mein Buch *Die jüdische Mystik in ihren Hauptströmungen,* Zürich 1957, S. 78.

und behält. Diese zwei Aspekte, die im Grunde schon in den Worten der Propheten selber angelegt und mehr oder weniger sichtbar sind, betreffen die katastrophale und destruktive Natur der Erlösung einerseits und die Utopie vom Inhalt des verwirklichten Messianismus andererseits. Der jüdische Messianismus ist in seinem Ursprung und Wesen, und das kann gar nicht stark genug betont werden, eine Katastrophentheorie. Diese Theorie betont das revolutionäre, umstürzlerische Element im Übergang von jeder historischen Gegenwart zur messianischen Zukunft. Dieser Übergang selber wird zum Problem, indem das eigentlich Übergangslose an ihm gern hervorgehoben und unterstrichen wird, und zwar schon in den Worten der alten Propheten, eines Amos und Jesaja. Der Tag des Herrn, von dem Jesaja (etwa in Kap. 2 und 4) spricht, ist ein Tag der Katastrophe und wird in Visionen beschrieben, die diese Katastrophalität aufs schärfste unterstreichen. Wie jener Tag des Herrn, an dem die bisherige Geschichte zu Ende geht, an dem die Welt bis in ihre Fundamente erschüttert wird, sich zu jenem (am Anfang desselben Kapitels Jesaja verheißenen) »Ende der Tage« verhält, an dem das Haus des Herrn aufgerichtet sein wird auf dem Gipfel der Berge und die Völker zu ihm strömen, darüber erfahren wir nichts.

Die Elemente des Katastrophalen und die Untergangsvisionen legen sich in der messianischen Vision merkwürdig auseinander. Sie werden einerseits auf den Übergang oder Untergang bezogen, in dem die messianische Erlösung geboren wird – daher schreibt sich der jüdische Begriff der »Geburtswehen des Messias« für diese Periode –, andererseits aber auf die Schrecken des Jüngsten Gerichtes, das in vielen dieser Schilderungen die messianische Zeit abschließt, statt ihr Heraufkommen zu begleiten. Und so verdoppelt sich auch oft für den Blick des Apokalyptikers die messianische Utopie. Der neue Äon und die Tage des Messias sind nicht mehr eins (wie noch in manchen Schriften dieser Literatur), sondern betreffen zwei Perioden, von denen die eine, die Herrschaft des Messias, eigentlich noch dieser Welt zugehört, die andere aber schon ganz und gar dem neuen Äon, der mit dem Jüngsten Gericht einbricht. Aber diese Verdoppelung der Stadien der

Erlösung ist mehr ein Ergebnis gelehrter Exegese, die jede Aussage der Bibel harmonistisch an ihre Stelle zu setzen sucht, als das einer ursprünglichen Vision, in der Katastrophe und Utopie nicht zweimal aufeinander folgen, sondern gerade in ihrer Einmaligkeit die beiden Seiten des messianischen Geschehens in voller Kraft zur Geltung bringen.

Bevor ich aber diesen beiden Seiten der messianischen Idee, wie sie die messianische Apokalyptik charakterisieren, einige Betrachtungen widme, muß ich ein Wort voranschicken, das der Berichtigung einer weit verbreiteten Vorstellung gilt. Ich meine die bei jüdischen und christlichen Forschern gleicherweise beliebte Entstellung der historischen Verhältnisse, die in der Ableugnung der Kontinuität der apokalyptischen Tradition im rabbinischen Judentum liegt. Diese Entstellung hat begreifliche geistesgeschichtliche Gründe, die bei den christlichen Forschern ebensosehr einem antijüdischen Interesse entsprangen wie bei den jüdischen Gelehrten einem antichristlichen. Den Tendenzen der einen Partei entsprach es, das Judentum nur als Vorhalle des Christentums anzusehen und es, nachdem das Christentum es aus sich entlassen hatte, als ein gleichsam abgestorbenes Element zu betrachten. Dem entsprach dann die Vorstellung von einer echten Kontinuität des Messianismus über die Apokalyptiker in die neue Welt des Christentums. Aber auch die andere Partei, die großen jüdischen Forscher des 19. und beginnenden 20. Jahrhunderts, die das populäre Bild vom Judentum weitgehend bestimmt haben, zahlten ihren Tribut an ihre Vorurteile. Aus ihrem Begriff eines geläuterten und rationalen Judentums heraus konnten sie nur mit Beifall den Versuch begleiten, die Apokalyptik aus dem Bereich des Judentums auszuschalten oder zu liquidieren. Ohne Bedauern überließen sie den Anspruch auf apokalyptische Kontinuität einem Christentum, das dadurch in ihren Augen keineswegs gewann. Den Preis für diese Vorurteile beider Lager zahlte die historische Wahrheit. Versuche, die Apokalyptik aus dem Bereich des rabbinischen Judentums völlig auszuschalten, haben seit dem Mittelalter nicht gefehlt, und wir werden im Verfolg dieser Darlegungen uns sogar mit dem folgenreichsten dieser Versuche, dem des Maimonides, befassen. Solche Versuche stellen eine Tendenz unter anderen, ganz anders gerichteten Tendenzen dar, die in der Geschichte des Judentums wirksam gewesen sind. Als Wahrheit über die historische Realität des Judentums können sie keine Geltung beanspruchen. Ging doch diese Verleugnung der Apokalyptik gerade auf die Unterdrückung überaus lebendiger, von historischer Dynamik erfüllter Elemente in der Welt des Judentums, in denen freilich aufbauende und destruktive Kräfte ineinander verschränkt erscheinen. Die Vorstellung, als ob alle apokalyptischen Strömungen der vorchristlichen Zeit ins Christentum mündeten und dort ihren eigentlichen Platz gefunden hätten, ist eine Fiktion, die vor tieferer historischer Einsicht nicht bestehen kann. Gleich hinter der Periode, aus der die bekannten Apokalypsen vor allem des ersten vor- und nachchristlichen Jahrhunderts stammen, ergießt sich innerhalb der jüdisch-rabbinischen Tradition ein unvermindert intensiver Strom von Apokalyptik, die sich teils in der talmudischen und aggadischen Literatur niedergeschlagen hat, teils in eigenen hebräisch und aramäisch erhaltenen Schriften ihren Ausdruck gefunden hat. Von einer Diskontinuität zwischen jenen alten Apokalypsen, deren hebräische Originale bisher verloren und nur durch Übersetzungen und Bearbeitungen der christlichen Kirchen erhalten sind, und diesen späteren kann keine Rede sein. Und wenn man zweifeln kann, welchen jüdischen Kreisen diese, den pseudepigraphischen Charakter als Literaturform bewahrenden selbständigen Schriften eigentlich angehören – nichts in ihnen steht mit der rabbinischen Geisteswelt im Widerspruch, wenn auch nichts sie dort näher zu lokalisieren gestattet –, so bleibt gar kein Zweifel an der Einwanderung der apokalyptischen Tradition in das Lehrhaus und die Gedankenwelt der Schriftgelehrten. Hier wurde die Anonymität wieder abgeschüttelt, das geheimnisvolle Flüstern wird zum offenen Gedankenaustausch und zum Lehrvortrag, ja zum pointierten Epigramm, dessen Autoren mit ihren oft wohlbekannten Namen für ihre Worte einstehen. Die Bedeutung dieser beiden Quellen rabbinischer Apokalyptik für das Verständnis des in der Welt der *Halacha* lebendigen Messianismus kann nicht hoch genug eingeschätzt werden.

Ich sprach von der Katastrophalität der Erlösung als einem

entscheidenden Moment jeder solchen Apokalyptik, an dessen Seite dann die Utopie vom Inhalt der realisierten Erlösung tritt. Das apokalyptische Denken enthält immer das Element des Grauens und des Trostes ineinander verschlungen. Das Grauen und die Not des Endes bilden ein Element des Schocks und des Schockierenden, das zur Extravaganz anreizt. Die Schrecken der realen historischen Erfahrungen des jüdischen Volkes verbinden sich mit Bildern aus mythischem Erbe oder mythischer Phantasie. Mit besonderer Wucht kommt das bei der Ausbildung der Vorstellung von den Geburtswehen des Messias, das heißt hier der messianischen Zeit, zum Ausdruck. Die Paradoxie dieser Vorstellung besteht darin, daß die Erlösung, die hier geboren wird, gar nicht in irgendeinem kausalen Sinn eine Folge aus der vorangegangenen Historie ist. Es ist ja gerade die Übergangslosigkeit zwischen der Historie und der Erlösung, die bei den Propheten und Apokalyptikern stets betont wird. Die Bibel und die Apokalyptiker kennen keinen Fortschritt in der Geschichte zur Erlösung hin. Die Erlösung ist kein Ergebnis innerweltlicher Entwicklungen, wie etwa in den modernen abendländischen Umdeutungen des Messianismus seit der Aufklärung, wo noch in seiner Säkularisierung im Fortschrittsglauben der Messianismus eine ungebrochene und ungeheure Macht beweist. Sie ist vielmehr ein Einbruch der Transzendenz in die Geschichte, ein Einbruch, in dem die Geschichte selber zugrunde geht, in diesem Untergang sich freilich wandelnd, weil von einem Licht betroffen, das von ganz woanders her in sie strahlt. Die Konstruktionen der Geschichte, in denen (zum Unterschied von den Propheten der Bibel) der Apokalyptiker schwelgt, haben nichts mit modernen Vorstellungen von Entwicklung oder Fortschritt zu tun, und wenn es etwas gibt, was die Historie im Sinne dieser Seher verdient, so kann es nur ihr Untergang sein. Von jeher liegt den Apokalyptikern die pessimistische Weltbetrachtung am Herzen. Ihr Optimismus, ihre Hoffnung richtet sich nicht auf das, was die Geschichte gebären wird, sondern auf das, was in ihrem Untergange hochkommt, nun endlich unverstellt frei wird.

Freilich, das »Licht des Messias«, das so wunderbar in die Welt scheinen soll, wird nicht immer als ein ganz plötzlich einbrechendes gesehen, sondern mag in Stufen und Stadien sichtbar werden, aber diese Stufen und Stadien haben nichts mit denen der vorangegangenen Geschichte zu tun. »Es wird von Rabbi Chija und Rabbi Simon erzählt, daß sie bei der Morgendämmerung im Tale von Arbela wanderten und die Morgenröte heraufbrechen sahen. Da sagte Rabbi Chija: So ist Israels Erlösung auch; zuerst wird sie nur ganz wenig sichtbar, dann strahlt sie stärker auf und erst nachher bricht sie in voller Macht hervor.«[6] Solche Meinung war bei den apokalyptischen Rechnern zu allen Zeiten weit verbreitet, wenn sie Schemata suchten, nach denen verschiedene Stadien der Erlösung im Rahmen der Endzeit sich vollziehen. Aber das apokalyptische Rechnen, das sich auf Zahlen und Konstellationen stützte, spricht nur eine Seite dieser Ansicht aus, und nicht umsonst wurde es immer wieder, wenn auch ziemlich erfolglos, von vielen Lehrern verworfen. Ihm gegenüber steht mit nicht minderer Macht das Gefühl von der Unberechenbarkeit der messianischen Zeit. Zugespitzt hat es seinen Ausdruck in den Worten eines talmudischen Lehrers des 3. Jahrhunderts gefunden: »Drei kommen unversehens: der Messias, ein Fund und ein Skorpion.«[7] Und in noch schärferer Hervorhebung des jederzeit möglichen Endes, der Gottesunmittelbarkeit jeden Tages: »Wenn Israel auch nur einen Tag Buße täte, so würden sie sofort erlöst werden, und es käme sofort der Sohn Davids, denn es heißt (Psalm 95:7) *heute noch*, wenn Ihr meine Stimme hört.«

In solchen Worten tritt neben die Vorstellung von der Spontaneität der Erlösung auch die Idee, die in vielen moralischen Sentenzen der talmudischen Literatur ihren Ausdruck findet, daß es Taten gibt, die gleichsam die Erlösung herbeibringen helfen, die ihr sozusagen Geburtshilfe leisten. Wer dies und das tut (wer etwa, was er gehört hat, im Namen seiner Quelle weitergibt), »der bringt Erlösung in die Welt«. Aber hier handelt es sich dann nicht um eine wirkliche Kausalität, sondern schon um einen festen Rahmen für zugespitzte sentenziöse Formulierungen, bei denen weniger an die messianische Erlösung als an den moralischen Wert der so empfohle-

---

6 *Midrasch Schir ha-Schirim Rabba*, VI, 10.
7 *Sanhedrin*, 97a.

nen Handlungen gedacht wird. Und Sätze dieser Art stehen denn auch ganz außerhalb des apokalyptischen Denkens. In ihnen kündigt sich ein Moralismus an, der späteren Umdeutungen des Messianismus im Sinne einer vernünftig-besonnenen Utopie willkommen sein mußte. Im Grunde aber kann der Messias nicht vorbereitet werden. Er kommt plötzlich, unangemeldet und gerade wenn man ihn am wenigsten erwartet oder gar die Hoffnung längst aufgegeben hat.

Dieses tiefe Gefühl von der Unberechenbarkeit der messianischen Zeit hat in der messianischen *Aggada* die Idee von der Verborgenheit des Messias hervorgebracht, der irgendwo schon immer da ist und den eine tiefsinnige Legende nicht umsonst am Tage der Tempelzerstörung geboren sein läßt. Vom Moment der tiefsten Katastrophe an gibt es die Chance der Erlösung. »Israel spricht vor Gott: wann wirst Du uns erlösen? Er antwortet: wenn Ihr auf die unterste Stufe gesunken seid, in der Stunde erlöse ich Euch.«[8] Dieser ständig gegenwärtigen Chance entspricht die Vorstellung des in der Verborgenheit ständig wartenden Messias, die viele Formen angenommen hat, freilich keine großartigere als jene, welche in einer maßlosen Antizipation den Messias unter die Aussätzigen und Bettler an den Toren Roms, in die Ewige Stadt versetzt hat[9]. Diese wahrhaft gewaltige »rabbinische Fabel« stammt aus dem 2. Jahrhundert, lange bevor dieses Rom, das gerade den Tempel zerstört und Israel ins Exil gejagt hatte, nun selber der Sitz des Vikars Christi und der mit dem Anspruch messianischer Erfüllung herrschaftlich auftretenden Kirche wurde. Diese symbolische Antithese des am Tore von Rom sitzenden wahren Messias und des dort herrschenden Hauptes der Christenheit begleitet die jüdische Messiologie durch die Jahrhunderte. Und mehr als einmal erfahren wir, daß Aspiranten auf die Messias-Würde nach Rom gepilgert sind, um an der Brücke vor der Engelsburg sitzend, dies symbolische Ritual zu vollziehen.

---

8 *Midrasch Tehillim* zu Psalm 45:3.
9 *Sanhedrin*, 98a.

Diese Katastrophalität, ohne die der Apokalyptiker die Erlösung nicht denken kann, wird in all diesen Texten und Traditionen in grellen Bildern beschrieben. Sie äußert sich in allem, in Weltkriegen und Revolutionen, in Epidemien, Hungersnot und Wirtschaftskatastrophen, aber genau so im Abfall von Gott und der Entweihung seines Namens, in der Vergessenheit der Tora und der Umkehrung aller sittlichen Ordnung, ja der Auflösung der Naturgesetze selber[10]. Sogar in einen so nüchtern verhaltenen Text wie die *Mischna*, die erste kanonische Kodifikation der *Halacha*, sind solche apokalyptischen Paradoxe von der Endkatastrophe aufgenommen worden. »In den Fußspuren des Messias [das heißt in der Periode seiner Ankunft] wird Frechheit wachsen und Achtung schwinden. Die Regierung wendet sich der Häresie zu und es gibt keine moralische Ermahnung mehr. Das Versammlungshaus wird zum Hurenhaus werden, Galiläa wird verwüstet und die Bewohner der Grenzen werden von Stadt zu Stadt wandern, ohne Mitleid zu finden. Die Weisheit der Schriftgelehrten wird stinkend werden, und die Sünde scheuen, werden verachtet sein. Die Wahrheit wird keine Stätte haben, Knaben werden Greise beschämen und Greise werden vor Knaben aufstehen. Der Sohn wird den Vater verächtlich machen und die Tochter sich gegen ihre Mutter auflehnen, die Feinde eines Menschen werden seine eigenen Hausgenossen sein. Das Gesicht des Zeitalters wird dem Gesicht eines Hundes gleichen [das heißt Schamlosigkeit wird herrschen]. Auf wen anders sollten wir uns verlassen als auf unseren Vater im Himmel.«[11] Die Seiten des *Talmud*-Traktates *Sanhedrin*, die über die messianische Zeit handeln, sind voll der extravagantesten Formulierungen dieser Art, die sich zu dem Worte zuspitzen, der Messias komme nur in einem Zeitalter, das entweder ganz rein oder ganz schuldig und verworfen ist. Kein Wunder, daß in solchem Zusammenhang

10 Vgl. die übersichtliche Zusammenstellung des einschlägigen Materials bei Strack-Billerbeck, *Kommentar zum Neuen Testament aus Talmud und Midrasch*, IV, S. 977–986.
11 Ende des *Mischna*-Traktates *Sota*.

der *Talmud* von drei berühmten Lehrern des 3. und 4. Jahrhunderts das kalte Wort anführt: »Mag er kommen, aber ich will ihn nicht sehen.«[12]

Wenn solcher Art die Erlösung nicht ohne Grauen und Untergang zu realisieren ist, kann ihr positiver Aspekt nur mit allen Akzenten der Utopie versehen sein. Diese Utopie bemächtigt sich aller rückwärts gewandten restaurativen Hoffnungen und schlägt den Bogen von der Wiederherstellung Israels und des davidischen Reiches als eines Reiches Gottes auf Erden bis zur Wiederherstellung des paradiesischen Standes, wie ihn schon manche alte Midraschim, vor allem aber das Denken der jüdischen Mystiker, visieren, für die die Analogie von Urzeit und Endzeit lebendige Wirklichkeit besitzt. Aber sie tut mehr als das. Denn schon in der messianischen Utopie Jesajas ist jene Endzeit unendlich reicher gedacht als jeder Anfang. Der Stand der Welt, in dem die Erde voll von der Erkenntnis Gottes sein wird, wie Wasser die Erde bedecken (*Jes.* 11:9), wiederholt nicht etwas einmal Dagewesenes, sondern holt etwas Neues herauf. Und noch die Welt des *Tikkun*, der Wiederherstellung des harmonischen Standes der Welt, die in der lurianischen *Kabbala* die messianische Welt ist, enthält ein strikt utopisches Moment, indem jene Harmonie, die sie wiederherstellt, gar nicht einem wirklich je vorhandenen, oder gar paradiesischen Stand der Dinge entspricht, sondern höchstens einem in der göttlichen Schöpfungsidee allein enthaltenen Plan, der aber schon auf den ersten Stufen seiner Verwirklichung auf jene Störung und Hemmung des Weltprozesses stieß, die als »Bruch der Gefäße« am Anfang des lurianischen Mythos steht. In Wirklichkeit realisiert daher die Endzeit einen höheren, reicheren und erfüllteren Stand als die Urzeit, und ihre Konzeption bleibt auch bei den Kabbalisten dem Utopischen verschworen. Die Inhalte dieser Utopie variieren in den verschiedenen Kreisen. Der Entwurf einer erneuerten Menschheit und des erneuerten Reiches Davids oder des Davidsohnes, der das prophetische Erbe der messianischen Utopie darstellt, verbindet sich bei Apokalyptikern und Mystikern oft genug mit dem eines erneuerten Standes der Natur, ja des Kosmos überhaupt. Das Hilflose

12 *Sanhedrin* 98a.

und Extravagante an solcher Utopie, die den Inhalt der Erlösung zu bestimmen unternimmt, ohne sie realiter schon erlebt zu haben, unterwirft sie zwar dem wilden Wuchern der Phantasie, behält aber immer jenes Ergreifend-Lebendige, dem keine historische Realität Genüge tun kann und das in Zeiten des Dunkels und der Verfolgung der stückhaften, armseligen Realität, die dem Juden zugänglich war, die erfüllten Bilder eines Ganzen entgegensetzt. So enthalten die Bilder des neuen Jerusalem, das den Apokalyptikern vorschwebte, immer mehr als je an dem alten war, und die Erneuerung der Welt ist eben mehr als ihre Restauration.

Hierbei drängte sich nun schon für die talmudischen Lehrer die Frage auf, ob man »auf das Ende hindrängen«, das heißt, es durch eigene Aktivität herbeizwingen dürfe. Hier zeigt sich eine tiefe Zwiespältigkeit der Haltung zum Messianismus. Nicht immer lag der Traum neben der Entschlossenheit, etwas für seine Verwirklichung zu tun. Im Gegenteil: es gehört zu den wichtigsten Momenten des Messianismus, daß für das Bewußtsein der weitesten Kreise hier ein Abgrund klafft. Und das ist kein Wunder, denn gerade in den biblischen Texten, an denen die messianische Idee sich kristallisiert hat, ist sie nirgends von menschlicher Aktivität abhängig gemacht. Weder der Tag des Herrn bei Amos noch die Zukunftsvisionen Jesajas vom Ende der Tage sind kausal auf solche Aktivität bezogen. Auch die alten Apokalyptiker, die die Geheimnisse des Endes zu enthüllen unternahmen, wissen nichts davon. Es ist wirklich alles hier auf Gott gestellt, und dies verleiht dem Gegensatz von jetzt und dereinst gerade seine besondere Note. Die dem Revolutionär und »Bedränger des Endes«, wie der jüdische Terminus lautet, von jeher so anstößigen Warnungen vor menschlicher Handlung, die sich vermißt, die Erlösung zu bringen, sind nicht ohne Legitimität, sind keineswegs nur Zeichen der Schwäche und vielleicht der Feigheit (obwohl sie auch das manchmal sind). »Rabbi Chelbo sagte über den Vers *Hohelied* 2, 7: Ich beschwöre Euch Töchter Jerusalems, weckt sie nicht auf, erregt die Liebe nicht, bis es ihr gefällt. Vier Schwüre sind hier enthalten: daß die Kinder Israel sich nicht gegen die Weltreiche [die profanen Mächte] empören, daß sie nicht das Ende bedrängen, daß sie ihr Mysterium nicht den Völkern der Welt enthüllen und daß sie nicht alle wie eine Mauer [in großen Massen] aus dem Exil hinaufziehen sollen. Wenn dem aber so ist, warum kommt der König Messias? Eben um die Verbannten Israels einzusammeln.« So lesen wir in dem alten Midrasch zum *Hohenlied*[13]. Aber auch den Autor des vierten *Buches Esra* ermahnt der Engel: »Du wirst doch nicht mehr eilen wollen als der Schöpfer.« Dies ist die Haltung der Sprecher des Messianismus im Judentum, die alles noch auf ungebrochenes Gottvertrauen stellte. Sie entspricht und entspringt jener Vorstellung von der wesentlichen Beziehungslosigkeit zwischen der menschlichen Geschichte und der Erlösung. Aber es ist verständlich, daß solche Haltung immer wieder in Gefahr stand, von der apokalyptischen Gewißheit, daß das Ende angebrochen sei und nur noch den Ruf zur Sammlung verlange, überrannt zu werden. Und immer wieder bricht in den messianischen Aktionen einzelner oder ganzer Bewegungen die revolutionäre Meinung durch, daß diese Haltung verdient, überrannt zu werden. Das ist der messianische Aktivismus, in dem die Utopie nun zum Hebel wird, das messianische Reich aufzurichten. Man darf vielleicht die Frage, die hier die Gemüter teilte, schärfer pointieren. Sie lautet dann: kann der Mensch seine eigene Zukunft bewältigen? Und die Antwort des Apokalyptikers lautete hier: nein. Aber dieser Projektion des Besten im Menschen auf seine Zukunft, wie sie gerade der jüdische Messianismus in seinen utopischen Elementen so gewaltig herausstellte, wohnt die Verführung zur Aktion, der Aufruf zum Vollzuge, inne.

Und es ist kein Wunder, daß jenseits der Verwerfungen und Reservationen der Theologen das historische Gedächtnis und die mythische Legende zugleich die Erinnerung an die messianischen Wagnisse des Bar Kochba oder des Sabbatai Zwi aufbewahrt hat, die in der Geschichte des Judentums Epoche gemacht haben. Ja, in der Legende von dem Rabbi Josef de la Reyna, die sich lange großer Popularität erfreut hat[14], ist die

---

13 *Schirha-Schirim Rabba*, II, 7 (vgl. *Kethubboth* 110 a).
14 Diese Legende, die merkwürdigerweise in M. J. Bin Gorions *Born Judas* fehlt, ist als kleines Volksbuch oft gedruckt worden, vgl. auch meinen Aufsatz darüber in dem hebräischen Sammelbuch *Zion,* Band V,

Verführung zur messianischen Aktion eines einzelnen, die scheitern muß, weil keiner solcher Aktion gewachsen ist, in der Beschreibung des Unternehmens eines großen Lehrers in Israel geschildert und auf die Spitze getrieben. Denn hier ist die Erlösung nur noch auf das Durchstoßen eines letzten Hindernisses konzentriert, das von Magie bewältigt werden soll und eben darin scheitern muß. Die Legende von dem großen Magier und Kabbalisten, der Sammael, den Teufel, fesselt und damit die Erlösung bringen könnte, wenn er ihm dabei nicht selber verfallen wäre, ist eine großartige Allegorie auf alle solche »Bedrängung des Endes«. An solchen Josef de la Reynas hat es in der jüdischen Wirklichkeit nie gefehlt, gleich ob sie nun anonym geblieben sind, in irgendeinem Winkel des Exils versteckt, oder unter Preisgabe ihrer Identität und Übersteigerung ihrer eigenen Magie in die Weltgeschichte gesprungen sind.

Dieser messianische Aktivismus liegt übrigens in jener merkwürdigen Doppellinie der gegenseitigen Beeinflussung von Judentum und Christentum, die mit inneren Entwicklungstendenzen beider Religionen Hand in Hand geht. Der politische und chiliastische Messianismus bedeutender religiöser Bewegungen innerhalb des Christentums erscheint oft als eine Widerspiegelung eines eigentlich jüdischen Messianismus. Es ist bekannt, mit welchem Nachdruck solche Tendenzen von ihren orthodoxen Gegnern im Katholizismus und Protestantismus gleicherweise als judaisierende Ketzereien verschrien wurden, und zweifellos ist rein phänomenologisch gesehen etwas an diesen Vorwürfen wahr, wenn auch in der historischen Wirklichkeit diese Tendenzen doch zugleich spontan aus den Versuchen hochkommen, den Messianismus ernst zu nehmen, aus einem Gefühl des Ungenügens an einem Reich Gottes, das nicht unter uns, sondern in uns liegen sollte. Je mehr der christliche Messianismus – um mit einem bedeutenden protestantischen Theologen zu sprechen, der mit dieser Formulierung zweifellos etwas höchst Positives gesagt zu haben glaubte[15] – als »diese wundersame Gewißheit reiner

---

Jerusalem 1933, S. 124/130, sowie S. Rubaschow, *Die Legende von Rabbi Josef de la Reyna in der sabbatianischen Überlieferung* (Hebräisch), in dem Sammelbuch *Eder Jakar*, Tel-Aviv 1947, S. 97/118.
15 Karl Bornhausen, *Der Erlöser*, Leipzig 1927, S. 74.

Innerlichkeit« auftrat, desto stärker mußte sich das Ungenügen hieran auf die jüdische Vision zurückverwiesen finden. Immer wieder bezieht denn auch solch chiliastischer und revolutionärer Messianismus, wie er etwa bei den Taboriten, den Wiedertäufern oder dem radikalen Flügel der Puritaner auftaucht, seine Inspiration entscheidend vom Alten Testament und nicht aus christlichen Quellen. Freilich, gerade die christliche Überzeugung von dem schon eingetretenen Anbruch der Erlösung verleiht diesem Aktivismus einen besonderen Ernst und seine besondere Vehemenz und damit seine weltgeschichtliche Bedeutung. Im jüdischen Bereich, aus dem er doch entstammt, bleibt dieser Aktivismus, gerade im Bewußtsein der radikalen Differenz zwischen der unerlösten Welt der Historie und der der messianischen Erlösung, wie oben dargelegt wurde, singulär und seltsam kraftlos. Dieser Linie, auf der das Judentum dem Christentum immer wieder den politischen und chiliastischen Messianismus abgegeben hat, steht die andere gegenüber, auf der das Christentum ans Judentum seinerseits die Tendenz vererbt oder doch in ihm erregt hat, einen mystischen Aspekt der Interiorisation der messianischen Idee zu entdecken. Dieser Aspekt kommt freilich ebensosehr auch aus der inneren Bewegung und der Entwicklung der Mystik im Judentum selber, der die messianisch verheißene Realität zugleich als Symbol eines inneren Standes der Welt und des Menschen erscheinen mußte. Es wird immer schwierig bleiben, hier zu entscheiden, wieviel im Hinblick auf diese beiden Linien von historischer Beeinflussung geredet werden kann und wieviel der immanenten Bewegung ihrer eigenen Ideenwelten und Wirklichkeiten zuzuschreiben ist.

Das Problem der Interiorisation der Erlösung bleibt ein Problem auch da, wo es nicht wie im Christentum dazu diente, eine These aufzustellen, als ob in der Erlösung so etwas wie eine reine Innerlichkeit aufbräche. Ich habe schon betont, daß es die besondere Position des Judentums in der Religionsgeschichte bezeichnet, daß es von solcher gleichsam chemisch reinen Innerlichkeit der Erlösung gar nichts hielt. Ich sage nicht: wenig hielt, sondern gar nichts hielt. Eine Innerlichkeit, die nicht im Äußerlichsten sich darstellt, ja mit ihm nicht bis ins Letzte verbunden wäre, die galt hier nichts. Der Vorstoß zum Kern war zugleich, das besagt die Dialektik des jüdischen Messianismus, ein Vorstoß zum Außen. Die Wiederherstellung aller Dinge an ihren rechten Ort, welche die Erlösung ist, stellt eben das Ganze her, das nichts von solcher Scheidung in Innerlichkeit und Äußerlichkeit weiß. Das utopische Element im Messianismus betraf dieses Ganze und nur dieses Ganze. Aber es bleibt historisch schon so, daß dieses Ganze unter dem doppelten Blick aufs Innere und Äußere der Welt angeschaut werden konnte, wie in der lurianischen Kabbala, solange es sicher war, daß nicht das eine dem anderen zum Opfer fallen würde. Es bleibt aber merkwürdig, daß im Judentum diese Frage nach dem innerlichen Aspekt der Erlösung erst so spät auftaucht – dann freilich mit großer Vehemenz. Im Mittelalter spielte sie keine Rolle. Vielleicht hängt dies mit der Verwerfung des christlichen Anspruchs zusammen, der ja gerade in jenen Zeitläuften auf die Innerlichkeit einer Erlösung rekurrierte und polemisch auf ihr insistierte, die auf dem Schauplatz der Geschichte so manifesterweise widerlegt war und daher, wenn es nach den Kirchen ging, nichts auf ihm zu suchen hatte.

4

Im Vorhergehenden ist Nachdruck auf die zwei Aspekte gelegt worden, unter denen sich die messianische Idee für das unter fortdauernder apokalyptischer Inspiration stehende rabbinische Judentum darstellt, das Katastrophale und das Utopische an ihr. Die persönliche Gestalt des Messias, in dem der Vollzug der Erlösung konzentriert ist, bleibt bei all dem doch merkwürdig schwach, und das hat, scheint mir, seinen guten Grund. Es sammeln sich in ihr als einem Medium des Vollzugs Züge so verschiedener historischer und psychologischer Herkunft, daß sie über- und nebeneinander gelagert kein scharfes persönliches Bild ergeben. Man möchte fast sagen, seine Gestalt sei überdeterminiert und dadurch wieder ins Undeutliche geraten. Anders als etwa im christlichen oder im schiitischen Messianismus wirken hier ja nicht Erinnerungen an echte Personen, die, auch wo sie die Phantasie auslösen und alte Bilder der Erwartung auf sich ziehen, doch immer an etwas tief Persönliches gebunden sind. Jesus oder der verborgene Imam, die als Personen einmal da waren, haben das Unverwechselbare und Unvergeßliche der Person, und gerade das kann seiner Natur nach das jüdische Messias-Bild nicht haben, an dem alles Personenhafte nur ganz abstrakt gesehen werden kann, weil ihm eben noch keine lebendige Erfahrung zugrunde liegt.

Es gibt aber eine historische Entwicklung in dieser Gestalt des Messias, die gerade von den hier hervorgehobenen zwei Aspekten her am meisten Licht erhält. Ich meine die Verdoppelung der Messiasgestalt, ihre Aufspaltung in einen Messias aus dem Hause Davids und einen aus dem Hause Josefs. Diese Vorstellung von dem »Messias ben Josef« ist erst jüngst wieder in einer sehr interessanten Monographie von Siegmund Hurwitz behandelt worden, der versucht hat, ihre Entstehung aus psychologischen Motiven heraus klarzumachen[16]. Aber man wird bei ihr eher auf jene zwei Seiten zurückverwiesen, die uns hier beschäftigt haben. Der Messias ben Josef ist der sterbende, in der messianischen Katastrophe untergehende Messias. In ihm sammeln sich die Züge des Katastrophalen. Er kämpft und verliert – aber er leidet nicht. Nie wird auf ihn etwa die Prophetie Jesajas vom leidenden Gottesknecht bezogen. Er ist ein Erlöser, der nichts erlöst, in dem nur der letzte Kampf mit den Mächten der Welt sich kristallisiert. Der Untergang der Historie ist in seinem Untergang mitgegeben. Auf den Messias ben David sammelt sich dagegen bei dieser Spaltung der Figuren das ganze utopische Interesse. Er ist derjenige, in dem schon das Neue endgültig heraufkommt, der den Antichrist endgültig besiegt, und stellt eben darin die rein positive Seite dieses Komplexes vor. Je mehr diese zwei Seiten sich verselbständigen und unterstrichen werden, desto mehr bleibt auch für die Kreise des apokalyptischen Messianismus im späteren Judentum diese Verdoppelung der Messias-Figur lebendig. Je mehr dieser Dualismus abgeschwächt wird, desto weniger ist von ihr die Rede und wird die Sonderfigur des Messias ben Josef überflüssig und hinfällig.

16 Siegmund Hurwitz, *Die Gestalt des sterbenden Messias*, Zürich 1958.

An solchen Abschwächungen hat es schon in der talmudischen Literatur selber nicht gefehlt. So sehr die apokalyptische Übersteigerung viele rabbinische Lehrer faszinierte und so vielgestaltig deren Erbschaft im mittelalterlichen Judentum fortwirkte, es blieben doch auch viel nüchternere Auffassungen lebendig. Viele fanden sich durch die Apokalyptik abgestoßen und ihre Haltung kommt am schärfsten in der strikt antiapokalyptischen Definition des babylonischen Lehrers Samuel aus der ersten Hälfte des 3. Jahrhunderts zum Ausdruck, auf die im *Talmud* des öfteren zurückgegriffen wird: »Zwischen diesem Äon und den Tagen des Messias besteht nur der eine Unterschied der Unterwerfung [Israels] unter die Völker.«[17] Diese offensichtlich polemische Äußerung gibt das Stichwort für eine Tendenz ab, mit deren Wirken und deren Kristallisation in den machtvollen Formulierungen des Maimonides wir uns noch zu befassen haben werden.

Solche Gegen-Tendenzen haben aber die fortdauernde Wirksamkeit radikaler apokalyptisch-utopischer Strömungen im jüdischen Messianismus nicht beeinträchtigen können. Im Gegenteil wird man sagen dürfen, daß in den volkstümlichen, in breiten Schichten des mittelalterlichen Judentums lebendigen Gestalten des Judentums diese Apokalyptik tief verwurzelt ist. Das esoterische Element öffnet sich immer breiter ins Volkstümliche hin. Vom 3. Jahrhundert bis in die Periode der Kreuzzüge zieht sich die apokalyptische Produktion hin, und noch in wichtigen Produkten der kabbalistischen Literatur, die ja in vielen ihrer Teile eine produktive Fortsetzung der alten *Aggada* darstellt, wenn auch auf einer neuen Stufe, läßt sich die fortdauernde Wirksamkeit dieses apokalyptischen Elementes deutlich erkennen. Wir müssen freilich damit rechnen, daß manche solcher Produkte volkstümlicher Apokalyptik rabbinischer Zensur zum Opfer gefallen sind. Diese Zensur, wenn auch in keiner institutionellen Form konstituiert, war zweifellos wirksam. Vieles, was im Mittelalter geschrieben wurde, lag den verantwortlichen Führern gar nicht, und manchmal erfahren wir nur durch zufällig erhaltene Briefe oder durch irgendein verstecktes Zitat von Ideen und Schriften, die in die »höhere Literatur« nicht Einlaß

17 *Berachoth*, 34b.

gefunden haben. Diese volkstümliche Apokalyptik stellt sich uns als Propaganda-Literatur dar. Sie will in einer trüben und gedrückten Zeit, ja in Katastrophen Trost und Hoffnung bringen, und dabei kann es an Extravaganzen nicht gefehlt haben. Es liegt in der Natur der messianischen Utopie ein anarchisches Element, die Auflösung alter Bindungen, die in dem neuen Zusammenhang der messianischen Freiheit ihren Sinn verlieren. Das Ganz-Neue, das die Utopie erhofft, tritt damit in eine folgenreiche Spannung zu der Welt der Bindungen und des Gesetzes, die die Welt der Halacha ist.

In der Tat ist die Beziehung zwischen der jüdischen Halacha und dem Messianismus von solcher Spannung erfüllt. Einerseits stellt sich die messianische Utopie als Ergänzung und Vollendung der Halacha dar. In ihr soll, was in der Halacha als dem Gesetz in einer unerlösten Welt noch nicht zum Ausdruck kommen kann, vollendet werden. So etwa werden dann erst alle jene Teile des Gesetzes vollziehbar, die unter den Bedingungen des Exils gar nicht realisierbar sind. Und so scheint gar kein Antagonismus zwischen dem provisorisch Vollziehbaren und dem messianisch Vollziehbaren am Gesetz aufzubrechen. Das eine ruft nach dem anderen, und der Begriff einer messianischen Halacha, wie ihn der Talmud kennt, das heißt einer, die in den Tagen des Messias erst lehrbar und vollziehbar wird, ist keineswegs nur eine leere Losung, sondern stellt einen sehr lebendigen Inhalt vor. Das Gesetz als solches ist in seiner ganzen Fülle nur in einer erlösten Welt zu vollziehen. Aber dem steht zweifellos noch eine andere Seite der Sache gegenüber. Denn in Wahrheit riß die Apokalyptik und die ihr inhärente Mythologie ein Fenster in eine Welt auf, die in Nebeln der Unbestimmtheit zu verbergen der Halacha eher am Herzen liegen mußte. Die Vision der messianischen Erneuerung und Freiheit war ihrer Natur nach dazu angetan, die Frage aufkommen zu lassen, was dereinst der Stand der Tora und der von ihr sich herschreibenden Halacha sein würde. Diese Frage, die die Halachisten nur mit Bedenken visieren konnten, wird von der rabbinischen Apokalyptik notwendigerweise erhoben. Denn selbst, wenn die Tora als unveränderlich und gültig gedacht wurde, mußte das Problem ihrer realen Anwendung in der messianischen Zeit auch innerhalb solcher Vorstellungen sich erheben. Hierbei lag es freilich nahe, eher eine Erschwerung als eine Erleichterung des göttlichen »Jochs der Tora« anzunehmen. Denn dann sollte ja vieles überhaupt erst vollziehbar werden, was in den Bedingungen des Exils, unter dem die Halacha sich im wesentlichen entwickelt hat, gar nicht realisierbar war. Zugleich zogen die Vorstellungen von einer »Tora des Messias«, wie sie im talmudischen Schrifttum erscheint, noch eine andere Vorstellung nach sich: nämlich die einer volleren Entwicklung der Gründe der Gebote, die erst der Messias zu explizieren imstande sein werde[18]. Das Verständnis der Tora und ihr Vollzug werden also gleichermaßen unendlich viel reicher sein als jetzt. Daneben konnte es aber nicht an Motiven fehlen, die dieses neue Verständnis auf eine Ebene tieferer, ja auch rein mystischer Erfassung der Welt des Gesetzes bezogen. Je größer die Veränderungen in der Natur oder die Umwälzungen im moralischen Wesen des Menschen gedacht wurden, welch letztere etwa durch das Erlöschen der destruktiven Macht des bösen Triebes in der messianischen Zeit bedingt werden, desto größer mußten auch die Modifikationen werden, die die Wirksamkeit des Gesetzes unter solchen Umständen betrafen. Ein Gebot oder Verbot konnte ja kaum mehr dasselbe sein, wenn es nicht mehr eine Auseinandersetzung zwischen Gut und Böse zum Gegenstand hatte, zu der der Mensch aufgerufen wird, sondern viel eher einer rein sich ergießenden messianischen Spontaneität der menschlichen Freiheit entsprang, die sozusagen ihrer Natur nach nur noch das Gute realisiert und daher eigentlich all jener »Zäune« und Beschränkungen nicht mehr bedurfte, mit denen es die Halacha umgab, um es vor den Versuchungen des Bösen zu sichern. An diesem Punkt ist die Möglichkeit des Umschlags einer restaurativen Auffassung von der endlichen Wiederherstellung der Herrschaft des Gesetzes zu einer utopischen gegeben, in der nicht mehr die beschränkenden Momente an ihm be-

---

18 Eine wertvolle Diskussion der verschiedenen Nuancen dieser Vorstellung von der messianischen Tora im *Talmud* und *Midrasch* enthält die Monographie von W. D. Davies, *Torah in the Messianic Age*, Philadelphia 1952.

stimmend und entscheidend sind, sondern irgendwelche jetzt noch gar nicht absehbaren und ganz neue Aspekte des freien Vollzugs offenbarenden Momente. Damit kommt ein anarchisches Element in die messianische Utopie. Die paulinische »Freiheit der Kinder Gottes« ist eine Form, in der solch Umschlag aus dem Judentum herausgeführt hat. Aber keineswegs war das die einzige Gestaltung solcher im Messianismus mit dialektischer Notwendigkeit immer wieder erscheinenden Vorstellungen. Zu dem anarchischen Element treten dabei auch die antinomistischen Möglichkeiten, die in der messianischen Utopie latent sind.

Dieser Gegensatz zwischen restaurativen und rein utopischen, radikalen Elementen in der Auffassung der messianischen Tora bringt ein Element der Ungewißheit in die Haltung der Halacha zum Messianismus. Die Fronten verlaufen hier keineswegs in klaren Linien. Leider gehört eine eindringende und ernste Erforschung dieses Verhältnisses der mittelalterlichen Halacha zum Messianismus zu den bisher unerfüllt gebliebenen wichtigsten Desiderien der Wissenschaft vom Judentum. Niemand hat sich, soweit ich sehen kann, um ihre Darstellung bemüht. Wenn ich meinem hier sehr inkompetenten Urteil, eigentlich nur einem Eindruck, vertrauen darf, so scheinen viele der großen Halachisten ganz in den Bereich der volkstümlichen Apokalyptik versponnen, wenn sie auf die Erlösung zu sprechen kommen. Die Apokalyptik ist für manche von ihnen kein fremdes Element und wird nicht als Widerspruch zur Welt der Halacha empfunden. Freilich, unter dem Aspekt der Halacha erscheint das Judentum als ein wohlgeordnetes Haus, und es ist eine tiefe Wahrheit, daß ein wohlgeordnetes Haus ein gefährlich Ding ist. In dieses Haus dringt von der messianischen Apokalyptik her etwas ein, was ich vielleicht am besten als einen anarchischen Luftzug bezeichnen möchte. Hier ist ein Fenster offen, durch das Winde hineinwehen, von denen nicht ganz ausgemacht ist, was sie mit sich bringen. Und so lebensnotwendig vielleicht diese anarchische Lüftung im Hause des Gesetzes war, so begreiflich ist auch die Zurückhaltung und das Mißtrauen, mit dem wieder andere bedeutende Repräsentanten dieser Welt der Halacha alldem gegenüberstehen, was die messianische Utopie ausmacht. Viele, wie ich sagte, sind tief ins Apokalyptische versponnen, bei vielen aber ist ein ebenso tiefes Unbehagen den Perspektiven gegenüber spürbar, die sich hier eröffnen. Der Gegensatz zwischen der wesentlich konservativen rabbinischen Autorität und der niemals endgültig definierten messianischen Autorität, die aus ganz neuen Dimensionen des Utopischen her aufgerichtet werden sollte, konnte ohne reale Macht bleiben, ja es konnte eine gewisse Harmonie zwischen solchen Autoritäten zu stiften unternommen werden, solange der Messianismus nur als abstrakte Hoffnung auftrat, als rein in die Zukunft verlegtes Element, das in der Gegenwart keine lebendige Bedeutung für das Leben des Juden hatte. In jedem aktuellen Ausbruch solcher Hoffnung aber, das heißt in jeder historischen Stunde, in der die messianische Idee als unmittelbar wirkende Macht ins Bewußtsein trat, wird sofort die Spannung spürbar, die zwischen diesen beiden Formen religiöser Autorität besteht. Im reinen Denken ließen sich diese Dinge vereinigen oder wenigstens nebeneinander aufbewahren, in ihrem Vollzuge nicht. Die Beobachtung des Erscheinens solcher Spannung in den messianischen Bewegungen des 12. Jahrhunderts mit ihren antinomistischen Begleiterscheinungen bei den Anhängern des David Alroi in Kurdistan oder denen des Messias, der damals in Jemen auftrat, wird nicht ohne Einfluß auf die Haltung des Maimonides gewesen sein, als er sich daran machte, den Geltungsbereich der messianischen Utopie mit so großer Energie auf das möglichste Minimum einzuschränken.

Das Aufkommen solcher radikalen Gehalte der messianischen Idee ist am deutlichsten in einem mittelalterlichen Werk zu beobachten, in dem sich Halacha und Kabbala aufs innigste verbinden. Es handelt sich um das Buch *Ra'ja Mehemna*, das der spätesten Schicht der im *Buche Sohar* zusammengefaßten Literatur angehört und in den letzten Jahren des 13. Jahrhunderts oder den ersten des 14. Jahrhunderts entstanden ist. Der Autor, ein in der Halacha tief verwurzelter Kabbalist, behandelt hier die mystischen Gründe der Gebote und Verbote der Tora. Zugleich ist aber sein Buch aus einer akuten messianischen Erwartung heraus geschrieben, die die ganze Dringlichkeit des unmittelbar bevorstehenden Endes besitzt.

Dabei aber bewegt ihn entscheidend nicht ein Interesse an dem katastrophalen Aspekt der Erlösung, an dem er kein neues selbständiges Gesicht entdeckt hat, sondern an deren utopischem Gehalt, den er vorwegnehmend zu formulieren sucht. Hier spielt nun eine anarchische Vision der Befreiung von den Beschränkungen, die die Tora in einer unerlösten Welt, und vor allem im Exil, dem Juden auferlegt hat, eine zentrale Rolle. Der Autor drückt seine Vision durch alte biblische Symbole aus, die nun zu Typen des verschiedenen Stands der Dinge in der unerlösten Welt und der messianischen Zeit werden. Diese Symbole sind der Baum des Lebens und der Baum der Erkenntnis oder des Wissens um Gut und Böse, der, weil seine Frucht den Tod mit sich trägt, auch der »Baum des Todes« heißt. Diese Bäume beherrschen jeweilig den Stand der Welt, sei es der Schöpfung überhaupt, sei es der Tora als des sie durchwaltenden und bestimmenden göttlichen Gesetzes. Im Zentrum des Paradieses stehend, höhere Ordnungen repräsentierend, beherrschen sie dort viel mehr als das paradiesische Dasein allein. Seit Adams Fall ist die Welt nicht mehr vom Baum des Lebens regiert, wie es ihre ursprüngliche Bestimmung war, sondern vom Baum der Erkenntnis. Der Baum des Lebens stellt die reine, ungebrochene Macht des Heiligen dar, die Ausbreitung des göttlichen Lebens durch alle Welten und die Kommunikation, in der alles Lebendige mit seinem göttlichen Ursprung steht. In ihm gibt es keine Beimischung des Bösen, keine »Schalen«, die das Lebendige eindämmen und ersticken, keinen Tod und keine Beschränkung. Seit Adams Fall aber, seit dem Genuß der verbotenen Frucht vom Baume der Erkenntnis, ist die Welt vom Mysterium dieses zweiten Baumes beherrscht, in dem Gut und Böse ihre Stelle haben. Daher gibt es unter der Herrschaft dieses Baumes in der Welt geschiedene Sphären, die des Heiligen und Profanen, des Reinen und Unreinen, des Erlaubten und Verbotenen, des Lebendigen und des Toten, des Göttlichen und des Dämonischen. Die Tora, die Offenbarung von Gottes Weltleitung, ist zwar in ihrem Wesen Eine und unveränderlich, manifestiert sich aber in jedem Stand der Welt auf eine diesem Stand entsprechende Weise. Unser Verständnis der Offenbarung ist jetzt an den

»Baum der Erkenntnis« gebunden und tritt als das positive Gesetz der Tora und als die Welt der Halacha erfüllend auf. So erscheint uns ihr Sinn jetzt im Gebotenen und Verbotenen und allem, was aus dieser grundlegenden Scheidung folgt. Die Macht des Bösen, des Destruktiven und Todbringenden, die in der freien Wahl des Menschen real geworden ist, zu bannen und in ihre Schranken zu verweisen, wenn schon nicht gänzlich zu überwinden, ist der Sinn des Gesetzes, das sozusagen die Tora bildet, wie sie im Licht des Baumes der Erkenntnis, um nicht zu sagen in dessen Schatten, gelesen werden kann. In der messianischen Erlösung aber bricht der volle Glanz des Utopischen wieder hervor, wenn auch charakteristischerweise, im Sinne der Rede vom Baum des Lebens, als Restauration des paradiesischen Standes konzipiert. In einer Welt, in der die Macht des Bösen gebrochen ist, verschwinden auch all jene Scheidungen, die sich aus seiner Natur herschreiben. In einer Welt, in der nur noch das reine Leben waltet, haben die Verfestigungen des Lebensstromes, seine Verhärtungen im Äußerlichen und in »Schalen« keine Geltung und keinen Sinn mehr. Im jetzigen Weltenstand hat sich die Tora unter vielen Sinnesschichten darzustellen; und auch der mystische Sinn, in dem sie dem Einsichtigen einen Blick wenigstens in ihr verborgenes Leben und in seine eigene Verbindung mit diesem Leben verstattet, ist eben an die Erscheinungsformen auch des Äußerlichsten mit Notwendigkeit gebunden. Daher bleiben Halacha und Kabbala im Exil stets aufeinander bezogen. Wenn aber die Welt wieder unter dem Gesetz des Baums des Lebens steht, wandelt sich das Antlitz der Halacha selber. Wo alles heilig ist, bedarf es der Umzäunungen und Verbote nicht mehr, und was jetzt als solche erscheint, wird entweder verschwinden oder dialektisch ein neues, noch unentdecktes Gesicht reiner Positivität enthüllen. In dieser Auffassung erscheint die Erlösung als eine Manifestation eines tief Geistigen, als eine spirituelle Revolution, die den mystischen Inhalt und Sinn der Tora als deren eigentlichen und wahren Wortsinn enthüllt. An die Stelle der nationalen und politischen Utopie tritt, ohne sie eigentlich zu abrogieren, aber als nun sich öffnender Kern, die mystische Utopie. Der Autor schwelgt in diesem Kontrast zwischen der

Tora des Exils und der Tora der Erlösung, die erst den unverstellten und lebendigen Sinn der ganzen Tora in ihrer unendlichen Fülle enthüllen werde, ohne doch irgendeinen Übergang zwischen diesen beiden Manifestationsweisen oder zwischen den Bedingungen der zwei Weltzustände klarzumachen, die in diesen beiden Aspekten der *einen* »vollkommenen Tora Gottes« zum Ausdruck kommen. Weiter ist die utopische Vision innerhalb des rabbinischen Judentums nicht getrieben worden, und weiter konnte sie auch schwerlich getrieben werden.

5

Sehr verschieden von den Ergebnissen, zu denen die bisherigen Erwägungen uns geführt haben, sind die, die eine Betrachtung der Funktion freigibt, welche die messianische Idee im Zusammenhang der rationalen Tendenzen im Judentum erfüllt hat. Diese rationalen Tendenzen haben ihre Entwicklung in der jüdischen Philosophie des Mittelalters genommen, in der der Versuch unternommen wurde, den jüdischen Monotheismus und die darauf gegründete Offenbarungs-Religion zugleich als ein in sich konsistentes System einer Vernunft-Religion nachzuweisen, oder doch als solche soweit wie möglich zu statuieren. Dies Unternehmen der Philosophen und rationalen Theologen des Judentums ergreift nicht sofort und in gleicher Weise alle Bezirke der jüdischen Tradition, in der die Glaubensüberzeugungen des alten Judentums noch ohne systematischen Zusammenhang sich kristallisiert hatten. Aber unverkennbar ist die Tendenz, die etwa in der Entwicklung von Sa'adja (gest. 942) bis zu Maimonides (gest. 1204) und Chasdai Crescas (gest. 1410) ihren Ausdruck findet, der rationalen Durchleuchtung und damit der rationalen Kritik auch solche Bereiche zu eröffnen, die ihr ursprünglich am fremdesten sind. Dazu gehört in hervorragender Weise die messianische Idee, und in besonders drastischer Weise in den Formen der rabbinischen Apokalyptik, von denen oben die Rede war[19].

19 Vgl. die detaillierte Darstellung der einzelnen Stadien dieser Entwicklung bei Joseph Sarachek, *The Messianic Idea in Medieval Jewish Literature,* New York 1932.

Hier nun treffen wir auf den wichtigen Tatbestand, daß die rationalen Tendenzen im Judentum das restaurative Moment im Messianismus ganz entschieden in den Vordergrund ihrer Betrachtungen gerückt haben. Es tritt in der einflußreichsten Formulierung, wie diese Tendenz sie bei Maimonides gefunden hat, geradezu ins Zentrum des Messianismus. Ihm gegenüber tritt das utopische Element ganz merkwürdig zurück und erhält sich nur auf einem bis aufs wahre Minimum reduzierten Bestand. Und dieser Bestand selber wird nur dadurch gewonnen, daß ein im präzisen Sinn utopisches Element der prophetischen Verheißung, nämlich die universale Gotteserkenntnis, mit dem höchsten Gut dieser philosophischen Lehren in Beziehung gesetzt wurde. Dies höchste Gut aber ist das kontemplative Leben, das den mittelalterlichen Philosophen aus den Denkvoraussetzungen ihrer griechischen philosophischen Erbschaft her als das Ideal eines erfüllten Lebens erscheinen mußte. Die theoretische Kontemplation, die auf rein philosophischer Basis als oberster Wert statuiert werden konnte, vermochte leicht eine Verbindung mit der religiösen Sphäre einzugehen, wie die Geschichte aller drei monotheistischen Religionen lehrt. Die Versenkung in die Gehalte der Tora und die Betrachtung von Gottes Eigenschaften und Walten schuf im Judentum einen traditionellen Rahmen für solche Gleichsetzung der *vita contemplativa* mit der Bemühung um Gegenstände und Sachverhalte des jüdisch-religiösen Bereiches. Der Vollzug des göttlichen Gesetzes war ja hier stets mit dessen Studium, ohne das solch Vollzug gar nicht legitim gedacht werden konnte, eng verbunden. Und diese Idee des Tora-Studiums eröffnet dem jüdischen Philosophen einen höchsten kontemplativen Bereich, von dem aus die Welt der Halacha erst erleuchtet wurde. Das aktive Leben, das von der Halacha geordnet wurde, findet seine Ergänzung und Vollendung in jener Sphäre, an deren übergeordnetem Wert Maimonides keinen Zweifel hegt. Diese Idee des kontemplativen Lebens als Wert konnte ohne jede Beziehung auf die messianische Idee entwickelt werden. Und in der Tat erscheint sie als das krönende Element am Abschluß des philosophischen Hauptwerkes des Maimonides, des »Führers der Verwirrten«, ohne jede solche Beziehung. Mit anderen Worten: sie ist prinzipiell, wenn auch nur isoliert und punktuell, unabhängig von ihr realisierbar, auch in einer unerlösten Welt. Aber indem in der messianischen Zeit, unter im übrigen völlig natürlichen Bedingungen, die Muße zu solcher *vita contemplativa* nun ganz andere Dimensionen annimmt und die kontemplative Erkenntnis Gottes das vornehmste Anliegen aller Welt sein wird, bleibt damit ein utopischer Inhalt dieser Vision gerettet. Er verschwindet nicht ganz, aber er ist nur noch die intensive Realisierung eines Standes, der im Grunde und seinem eigentlichen Wesen nach auch schon unter den Bedingungen unserer Zeit zu erlangen ist. In der überschwenglichen Ausdehnung und Überhöhung des kontemplativen Elements rettet sich die Utopie. Alles andere ist von restaurativen Tendenzen bestimmt.

Diese rationale Einschränkung des Messianischen auf die restaurativen Momente an ihm liegt nun, wie zu betonen ist, keineswegs im Wesen der rationalistischen Tendenzen im Judentum überhaupt. Sie findet vielmehr nur in deren mittelalterlichen Formen statt, und es besteht hier ein tiefer Unterschied zwischen dem mittelalterlichen und dem neuzeitlichen Rationalismus, der gegenüber naheliegenden Verwischungstendenzen festgehalten werden muß. Denn gerade in dem Maß, in dem der Rationalismus der jüdischen und europäischen Aufklärung die messianische Idee einer immer fortschreitenden Säkularisierung unterwarf, befreit er sich von dem restaurativen Element. Im Gegenteil, er betont das utopische Element, wenn auch auf eine ganz neue, dem Mittelalter fremde Weise. Der Messianismus geht die Verbindung mit der Idee des ewigen Fortschritts und der unendlichen Aufgabe einer sich vollendenden Menschheit ein. Dabei wird im Begriff des Fortschritts selber ein nicht-restauratives Element ins Zentrum der rationalen Utopie gerückt. Je stärker die nationalen und historischen Elemente der messianischen Idee dabei einer rein universalistisch gerichteten Interpretation gegenüber in den Hintergrund traten, verloren auch die restaurativen Momente ihr Gewicht. Hermann Cohen, gewiß ein so vornehmer Repräsentant liberal-rationalistischer Umdeutung der messianischen Idee im Judentum wie man ihn nur denken kann, ist zugleich, und zwar aus den eigenen Antrieben seiner Religion der Vernunft her, ein echter und ungehemmter Utopist, der das Restaurative völlig liquidieren möchte.

Wenn wir uns fragen, worin der Grund für diese veränderte Haltung des mittelalterlichen und des neuzeitlichen jüdischen Rationalismus zum Messianismus besteht, so scheint mir die Antwort darin zu liegen, daß im Mittelalter die Apokalyptik eine Bedeutung einnahm, die in der Zeit der Aufklärung durchaus hinfällig geworden war. Jene Tendenz, deren großartigsten und einflußreichsten Vertreter wir in Maimonides vor uns haben, geht entschieden und mit klarem Bewußtsein auf die Liquidation der Apokalyptik im jüdischen Messianismus aus. Ihr ist jenes anarchische Element an ihm, von dem ich oben gesprochen habe, tief verdächtig, und dahinter steht vielleicht die Furcht vor dem Ausbruch antinomistischer Ideengänge, die die Apokalyptik in der Tat leicht aus sich herausstellen konnte. Diese Furcht vor der radikalen Utopie und deren möglichen Formen bedingte hier den entschlossenen Rückgriff auf das restaurative Moment, das solchen Ausbrüchen eine Grenze zu setzen geeignet war. In der Umwelt des Maimonides waren das ganz reale und in historischen Phänomenen seiner eigenen Erfahrung wohl begründete Befürchtungen. In einer Zeit wie dem 19. Jahrhundert schien dagegen die Apokalyptik endgültig liquidiert und besaß mindestens für die historische Erfahrung der großen jüdischen Rationalisten dieser Zeit keinerlei Dringlichkeit oder Gewicht. (Daß sie sich dabei tief und entscheidend getäuscht haben, steht auf einem anderen Blatt.) Nirgends verraten sie ein Gefühl für die noch unter Verkleidungen wirksame ungeheure Macht der Apokalyptik, die für sie zum sinnlosen, entleerten Geschwätz geworden ist. Und noch das anarchische Element in der Utopie erschreckt die Freiesten unter ihnen nicht mehr als etwas Destruktives, sondern gilt als ein eher positives Element im Fortschritt der Menschheit, die sich von alten Formen zu immer höheren und ungebundeneren der menschlichen Freiheit entwickelt. Im mittelalterlichen Judentum aber haben Strömungen dieser Art keine Bedeutung gehabt. Von ihm gilt, daß schöpferische Bedeutung für das Verständnis der messianischen Idee nur die radikalen Antipoden haben, die Apokalyptiker einerseits und die Liquidatoren der Apokalyptik andererseits, die letzten Endes aus antimessianischen Antrieben heraus denken und die die Gefahrenmomente der Utopie von der messianischen Freiheit erkannt haben, sei es als Halachisten, sei es als Philosophen. Es ist ein Irrtum, wie es oft geschieht, nur die zweite, freilich von machtvollen persönlichen Vertretern repräsentierte Tendenz im Judentum zu sehen, aber es wäre nicht weniger falsch, in dem Bewußtsein von der großen Bedeutung der Apokalyptik die Wirksamkeit jener anderen Tendenz, die auf Entfernung des apokalyptischen Stachels ausging, nun zu unterschätzen. In der Auseinandersetzung zwischen diesen beiden Tendenzen liegt die besondere Lebendigkeit der messianischen Idee im Judentum.

Als positives Grund-Dogma oder Prinzip des Judentums ist, so gewaltig die Anziehungskraft dieser Vorstellung war, die messianische Idee erst spät formuliert worden. Wenn überhaupt gewählt wurde – es gab ja genug Enthusiasten unter den Juden, die solche Auswahl von Prinzipien von vornherein ablehnten und für die alle Bestände der Tradition gleiches Gewicht beanspruchten –, so konnte fraglich sein, ob neben dem monotheistischen Prinzip und der Autorität der Tora als Norm des Lebens die messianische Hoffnung als Gewißheit der Erlösung gleichwertige Sanktionierung beanspruchen konnte. Es ist gewiß denkwürdig, daß Maimonides, der noch entschiedener als einige seiner Vorgänger diesen Schritt getan und der messianischen Idee einen Platz unter den von ihm statuierten 13 Glaubenssätzen des Judentums angewiesen hat, diese Aufnahme nur unter anti-apokalyptischen Restriktionen vollzog[20]. Maimonides, der in dem ziemlich anarchisch organisierten mittelalterlichen Judentum eine feste Autorität zu stabilisieren unternahm, war ein Mann von un-

---

20 In den dreizehn Grundprinzipien, die Maimonides in seiner Einleitung zum *Mischna*-Kommentar zu *Sanhedrin* Kap. X formuliert, heißt es: »Das zwölfte Prinzip betrifft die Tage des Messias. Es besteht darin, zu glauben und für wahr zu erkennen, daß er kommen wird, und nicht zu denken, daß er sich verspäten wird. Auch wenn er sich verzögert, hoffe auf ihn. Und man soll keine Zeit für ihn bestimmen und keine Vermutungen über den Sinn von Bibelversen anstellen, um die Zeit seiner Ankunft herauszubekommen. Und schon die Weisen haben gesagt: ›Mögen

gewöhnlichem intellektuellem Mut. Er brachte es fertig, in seine weithin maßgebend gewordene Kodifikation der Halacha seine eigenen metaphysischen Überzeugungen als verpflichtende Normen der religiösen Haltung des Juden überhaupt, also als Halachoth, aufzunehmen, obwohl entscheidende Teile dieser Thesen keinerlei legitimen Grund in biblischen oder talmudischen Quellen haben, sondern der griechischen philosophischen Tradition verpflichtet sind. Und wie er hier, am Eingang seines großen Werkes, seiner eigenen Überzeugung Gesetzeskraft im Sinne der Halacha zu verleihen bereit ist, so verfährt er nicht weniger eigenwillig in der radikalen Aufnahme der anti-apokalyptischen Momente der talmudischen Überlieferung und bei ihrer entschlossenen Übersteigerung im Sinne seiner eigenen Gedankenwelt am Ende dieses Werkes. In den letzten beiden Abschnitten seines Gesetzes-Kodex, im 11. und 12. Abschnitt der *Halachoth über die Einsetzung von Königen*, haben wir sein Bild von der messianischen Idee. Nachdem wir oben einige Formulierungen der Apokalyptiker kennengelernt haben, lohnt es sich, einige Kernstücke dieser entgegengesetzten Ausführungen zu besprechen[21]. Hier lesen wir:

»Der Messias wird einst auftreten und das Königtum Davids in seiner vormaligen Macht wiederherstellen. Er wird das Heiligtum aufbauen und die Versprengten Israels sammeln. Alle Rechtssatzungen werden in seinen Tagen die frühere Geltung wiedererlangen, man wird Opfer darbringen und die Brach- und Jobeljahre beobachten, ganz nach der in der Tora enthaltenen Vorschrift. Derjenige aber, der nicht an ihn glaubt oder nicht auf sein Erscheinen harrt, verleugnet nicht bloß die übrigen Propheten, sondern auch die Tora und unseren Lehrer Moses.

---

die das Ende berechnen wollen, ihren Geist aushauchen.‹ Vielmehr soll man an ihn glauben, ihn verherrlichen und lieben und um ihn beten, nach der Maßgabe dessen, was die Propheten von Moses bis Maleachi über ihn geweissagt haben. Und wer Zweifel über ihn hat, oder wer gering von seinem Range denkt, der hat die Tora verleugnet, die ihn ausdrücklich verheißen hat.«

21 Ich benutze dabei weitgehend die Übersetzung von Moritz Zobel in seiner vorzüglichen Zusammenstellung, *Der Messias und die messianische Zeit in Talmud und Midrasch*, Berlin 1938.

Laß es Dir nicht in den Sinn kommen, daß es dem Messias obliegt, Zeichen und Wunder zu wirken, daß er etwa einen neuen Stand der Dinge in der Welt herbeiführen oder die Toten zum Leben erwecken wird und dergleichen mehr. So verhält es sich keineswegs. [...] Vielmehr hat es mit diesen Dingen folgende Bewandtnis: die Satzungen unserer Tora gelten für immer und ewig. Ihnen kann nichts hinzugefügt und nichts von ihnen weggenommen werden. Wird nun einmal ein König aus dem Hause Davids erstehen, der über die Tora nachdenkt und die Gebote übt wie sein Ahne David, in Übereinstimmung mit der schriftlich und mündlich überlieferten Tora; wird er ferner ganz Israel nötigen, in den Wegen der Tora zu wandeln und deren Schäden auszubessern [d. h. die Übelstände, die durch die unvollkommene Erfüllung des Gesetzes bedingt sind, zu beseitigen], und wird er die Kriege des Herrn führen, so darf man mit Recht vermuten, daß er der Messias sei. Wenn er es dann mit Erfolg unternimmt, das Heiligtum an seiner Stätte aufzubauen und die Verstoßenen Israels zu sammeln, so ist es [durch diesen Erfolg] erwiesen, daß er in der Tat der Messias ist. Er wird dann die Welt so einrichten, daß sie ganz Gott dient, wie es heißt [*Zefanja* 3:9]: Alsdann werde ich den Völkern eine lautere Lippe schaffen, daß sie alle den Namen Gottes anrufen und ihm dienen.

Man möge nicht etwa denken, daß in den Tagen des Messias irgend etwas vom natürlichen Lauf der Welt aufhören wird, oder eine Neugestaltung innerhalb der Schöpfung stattfinden wird. Vielmehr wird sich alles in der Welt nach seinem gewohnten Lauf vollziehen. Und was Jesaja sagt [11:6]: Es wird der Wolf bei dem Lamme wohnen und der Panther bei dem Böcklein lagern, so ist dies ein Gleichnis und eine Allegorie und bedeutet, daß Israel in Sicherheit auch bei den Frevlern unter den heidnischen Völkern siedeln wird, die mit einem Wolf und einem Panther verglichen werden. Diese werden sich dann nämlich zur wahren Religion bekehren und nicht mehr rauben und Verderben stiften. Ebenso sind alle ähnlichen, auf den Messias bezüglichen Schriftstellen als Gleichnisse aufzufassen. Erst in den Tagen des Messias wird jedermann kundwerden, was die Gleichnisse zu bedeuten haben und worauf sie hinweisen. So haben es auch die Weisen gesagt: Es gibt keinen anderen Unterschied zwischen dieser Welt und den Tagen des Messias als die Unterwerfung Israels unter die Königreiche.

Aus dem einfachen Sinn der Prophetenworte scheint hervorzugehen, daß zu Beginn der messianischen Zeit der Krieg des Gog und Magog stattfinden wird [...]. [Über diese messianischen Kriege und die Ankunft des Propheten Elia vor dem Ende sagt Maimonides dann weiter:] Von allen diesen und ähnlichen Dingen weiß niemand genau, wie sie sich zutragen werden, da die Aussagen der Propheten hierüber dunkel sind. Auch die Weisen besitzen über diese Dinge keine Überlieferung, sondern lassen sich von der Erwägung der Schriftstellen leiten. Daher bestehen unter ihnen Meinungsverschiedenheiten über diesen Gegenstand. Jedenfalls gehört die Darstellung dieser Dinge und ihrer Einzelheiten nicht zum Wesen der Religion. Darum soll man sich niemals mit den haggadischen Aussprüchen und den Midraschim, die von diesen und ähnlichen Gegenständen handeln, viel abgeben, noch bei ihnen verweilen oder sie gar als Hauptsache[22] ansehen, denn die Beschäftigung mit ihnen führt den Menschen weder zur Gottesfurcht noch zur Gottesliebe. [...]

Die Weisen und Propheten haben sich nach der messianischen Zeit gesehnt, nicht etwa um über die ganze Welt zu herrschen und nicht etwa, um die Götzendiener unter ihre Botmäßigkeit zu bringen und nicht etwa, damit die Völker sie erheben, und nicht etwa, um zu essen und zu trinken und sich wohlsein zu lassen, sondern damit sie für die Tora und die Weisheit Muße haben und hierin nicht von irgendeinem Bedränger gehemmt würden.

In jenem Zeitalter wird es weder Hungersnot noch Krieg, noch Mißgunst, noch Zwietracht geben, denn man wird die irdischen Güter im Überfluß besitzen. Alle Welt wird kein anderes Anliegen haben, als Gott zu erkennen. Darum werden dann die Kinder Israels hervorragende Weise sein und die verborgenen Dinge und die Gedanken ihres Schöpfers ergründen, soweit der menschliche Geist dies vermag, wie es

---

22 Das Wort kann bedeuten: als Fundamental-Prinzip, aber auch: als wichtigen Gegenstand der Betrachtung (wie es Zobel auffaßt).

heißt [*Jesaja* 11:9]: Denn die Erde wird voll sein von der Erkenntnis Gottes, wie die Wasser das Meer bedecken.«

In diesen gemessenen Worten eines großen Meisters hat jeder Satz, ausgesprochen und verschwiegen, eine polemische Adresse. Ihre nüchterne Besonnenheit kodifiziert den Protest gegen die Apokalyptik, gegen die wuchernde Phantasie der Aggadisten und gegen die Autoren der volkstümlichen Midraschim, in denen die Stadien des Endes und die Katastrophen der Natur und der Geschichte beschrieben werden, die es begleiten. Dies alles wird mit einer großartigen Geste ausgewischt. Maimonides weiß nichts von messianischen Wundern und anderen Zeichen. Die messianische Zeit bringt negativ die Freiheit von der gegenwärtigen Knechtschaft Israels und als positiven Inhalt die Freiheit für die Erkenntnis Gottes. Dazu aber muß weder das Gesetz der sittlichen Ordnung fallen, die Offenbarung der Tora, noch das Gesetz der natürlichen Ordnung. Weder Schöpfung noch Offenbarung unterliegen irgendeiner Veränderung. Die Verbindlichkeit des Gesetzes hört nicht auf, und die Gesetzmäßigkeit der Natur weicht keinem Wunder. Nicht das Eingreifen von Himmel und Erde bildet für ihn ein Kriterium der Legitimität des Messias und seiner Mission, sondern er kennt nur das eine pragmatische Kriterium: ob er in seinem Unternehmen Erfolg hat[23].

Der Messias hat sich der berechtigten Skepsis gegenüber auszuweisen, nicht durch kosmische Zeichen und Wunder, sondern durch historischen Erfolg. Nichts in einer übernatürlichen Konstitution seines Wesens verbürgt seinen Erfolg und

---

23 In seinem Brief nach Jemen, in dem Maimonides weitgehende Rücksicht auf die eschatologischen Requisiten der Tradition nimmt, die er später eliminiert, findet in freilich sehr nüchterner Fassung dies Element der Wunder noch seinen Platz. Der Unterschied des prophetischen Ranges des Messias von den anderen Propheten von Moses bis Maleachi wird hier, in offenkundig konservativer Rücksicht auf seine jemenitischen Leser, so formuliert: »Aber die ihm allein eigentümliche Eigenschaft ist, daß bei seinem Erscheinen Gott alle Könige der Erde durch das bloße Gerücht von ihm bestürzen wird. Ihr Königtum wird zunichte, sie können gegen ihn nicht bestehen, weder mit Schwert noch Empörung, das heißt sie werden ihn nicht anfechten und nicht Lügen strafen können, sondern werden von den Wunderzeichen erstarrt sein, die sich durch ihn zeigen werden. Wer ihn töten will, den wird er töten. Da ist keine Rettung

ermöglicht, ihn mit Sicherheit zu erkennen, bevor er sich ausgewiesen hat[24]. Die messianische Zeit, die er heraufführt, ist in allem Entscheidenden betont unter dem Aspekt des Restaurativen gesehen. Alles darüber Hinausführende, der utopische Stand der Welt wird mit einem kräftigen Nein verworfen. Nur die Kontemplation der Tora und die Erkenntnis Gottes innerhalb einer im übrigen ganz unter natürlichen Gesetzen verlaufenden Welt bleibt, wie oben dargelegt wurde, als einziges nicht mehr reduzierbares Element des Utopischen erhalten. Und das ist verständlich. Die Aufgabe des Menschen ist für Maimonides seit der Offenbarung klar umrissen und ihre Erfüllung nicht vom Kommen des Messias abhängig. Für ihn ist auch die messianische Zeit als irdischer Zustand kein höchstes Gut, sondern nur Vorstufe zum endgültigen Übergang in die künftige Welt, in die aber die unsterbliche Seele gemäß ihrem in diesem Leben durch Erkenntnisarbeit erworbenen Anteil am Ewigen sogleich nach ihrer Trennung vom Leibe gelangt. Da also eigentlich schon das Ende des individuellen Lebens sie an die Schwelle des ersehnten Endzustandes führt, der in Wahrheit keine künftige Welt, sondern eine ewige Gegenwart darstellt, so liegt es gar nicht in der immanenten Logik der allgemeinen Haltung des Maimonides, zur Erfüllung der Aufgabe des Menschen das Ende der Weltgeschichte zu bemühen[25]. Der Messianismus ist in der Tat kein Postulat seines philosophischen Denkens, sondern bleibt, wie rational er immer umgebogen wird, doch auch noch in

und kein Entrinnen mehr aus seiner Hand. [...] Jener König wird sehr mächtig sein. Alle Völker werden mit ihm Frieden halten, alle Länder ihm dienen, um der großen Gerechtigkeit und der Wunder willen, die von seiner Hand geschehen. Jeden, der gegen ihn sich erhebt, vernichtet Gott und überantwortet ihn seiner Hand. Alle Worte der Schrift bezeugen seinen Erfolg und unseren Erfolg mit ihm.« *(Iggereth Teman,* ed. David Hollub, Wien 1875, S. 48.)

24 Auf diese Ausführungen Maimonides' berief sich überraschenderweise Abraham Cardoso, der so ganz anders gestimmte Anhänger des Sabbatai Zwi noch nach dessen Apostasie, um seine These zu stützen, daß es in der Natur des Messias liege, daß bis zur endgültigen Stabilisierung seiner Autorität das Verhalten des Messias geradezu so sein müsse, daß es dem Zweifel an der Legitimität seiner Mission Nahrung gäbe!

25 Die Vorstellung vom Jüngsten Gericht spielt bei Maimonides überhaupt keine Rolle. Dereinstige Vergeltung im Sinne von eschatologischer Belohnung und Strafe gibt es nicht.

diesem Minimalstand der Utopie ein reines Element des Traditionsbestandes. Mit dem systematischen Denkanliegen des Maimonides ist er nur durch diese reichlich vermessene Identifizierung der von den Propheten geforderten Gotteserkenntnis – die in deren Sinn aber doch stets ein aktives und moralisches Element enthielt – mit dem kontemplativen Leben, von der ich oben gesprochen habe, verbunden. Die messianische Zeit erleichtert die Bedingungen, unter denen das Heil der Seele im Vollzug der Tora und der Erkenntnis Gottes gefunden werden kann, aber diese Erleichterung ist eigentlich alles, was dem restaurativen Ideal hier einen Schimmer des Utopischen verleiht.

Mit dieser restaurativen Charakteristik hält nun freilich Maimonides, gegenüber der individuellen Vorstellung vom Heil jeder Seele, das gar nichts mit dem Messianischen zu tun hat und auch ohne dessen Bemühung erlangt werden kann, an der messianischen Erlösung als einem öffentlichen und in der Gemeinschaft verwirklichten Vorgang fest. Ältere Schriften von ihm, vor allem das aus seiner Frühzeit stammende *Sendschreiben nach Jemen* (1172), wo damals eine starke messianische Bewegung entstanden war, beweisen, daß er ein tiefes Empfinden für die nationalen Motive dieser Erwartung hatte, auch wo er mit großer Vorsicht sich um deren Abschwächung bemüht. Die bittere Rechnung mit den Unterdrückungen und Verfolgungen von seiten der Völker, die in der rationalen Formulierung seines Gesetzeskodex fast bis zur Unkenntlichkeit eliminiert ist, ist ihm hier noch gegenwärtig, und er tröstet seine Adressaten mit dem Hinweis, Gott werde die falschen Religionen zunichte machen und den Messias offenbaren, gerade wenn es die Völker am wenigsten erwarten würden. Ein Kausalverhältnis zwischen dem Kommen des Messias und den Handlungen der Menschen erkennt aber Maimonides nirgends an. Es ist nicht etwa die Buße Israels, die die Erlösung bringt, sondern weil die Erlösung nach göttlichem Ratschluß zum Durchbruch kommen soll, bricht in der letzten Stunde auch in Israel selbst die Bußbewegung aus. Die messianische Restauration, die mit keiner Idee eines Progresses zur Erlösung verbunden ist, ist und bleibt ein Wunder – freilich kein Wunder, das sich außerhalb der Natur und ihrer Gesetze vollzieht, sondern ein Wunder, weil sie von den Propheten zur Bestätigung der Herrschaft Gottes auf der Welt vorher angekündigt worden ist. Die messianische Zeit ist ein freies Geschenk Gottes, aber sie ist ein Geschenk, das verheißen worden ist, und das erhebt ihren Anbruch, wenn er auch unter natürlichen Bedingungen sich vollzieht, doch über die Natur. Eine rein philosophische Rechtfertigung des messianischen Gedankens aus seiner Ontologie oder Ethik hat Maimonides nicht versucht. Der Mensch ist prinzipiell durchaus in der Lage, seine Aufgabe und damit seine Zukunft zu bewältigen – im Gegensatz zu den Apokalyptikern, die ihm das nicht zusprechen –, und die antiapokalyptische Vision des Maimonides besagt nur, daß die messianische Zeit diese seine Fähigkeit durch günstige Bedingungen des allgemeinen Friedens und der allgemeinen Eudämonie verstärkt, nicht aber, daß sie sie überhaupt erst ermöglicht.

Es versteht sich, daß damit jenes dramatische Element hinfällig wird, das der Apokalyptik soviel Lebendigkeit verliehen hat[26]. Maimonides stellt nicht von vornherein die Überlieferungen und prophetischen Worte von der Katastrophalität der Erlösung in Abrede, ja er erwägt sie als Möglichkeit hier und da in seinen Schriften, aber er versagt sich ihnen. Er läßt sie in ihrer rätselhaften Verschlossenheit beruhen, die sich erst in den Ereignissen selber öffnen werde und keiner Antizipation fähig sei. Er zieht sich von diesem Bereich zurück und sucht ihn auch jedem anderen zu verbieten. Die monumentale Einfachheit und Entschiedenheit, mit der diese Haltung bei Maimonides formuliert ist, verleugnet nirgends den kämpferischen Charakter dieses Versuchs. Maimonides weiß, daß er auf einem vorgeschobenen Posten steht, den nur relativ wenige vor ihm besetzt gehalten haben. Nicht um wirkliche Fortsetzung einer kontinuierlichen Tradition geht es ihm, sondern um die Durchsetzung eines neuen Begriffs der Erlösung, der aus der Auswahl der ihm zusagenden Elemente der Tradition entsteht. Noch in Sa'adjas *Buch der Meinungen und Glaubenslehren* stand ja das Gegenteil von

---

26 Selbstverständlich fallen bei ihm auch Vorstellungen wie die der Präexistenz des Messias oder des Messias ben Josef weg.

Maimonides' Ansicht über die messianische Idee zu lesen, von den Werken anderer Messiologen des Mittelalters zu schweigen, die dem Maimonides überaus *contre cœur* gegangen sein müssen, wie etwa die ausführliche Darlegung über den Messianismus in Abraham bar Chijas *Buch des Offenbarenden* aus dem frühen 12. Jahrhundert[27]. Aber seit Maimonides ist diese Tendenz nicht mehr aus der Vorderfront der innerjüdischen Auseinandersetzungen verschwunden.

Diese miteinander ringenden Tendenzen des apokalyptischen und des rationalistischen Messianismus stecken ihre Grenzen, wie verständlich ist, durch entgegengesetzte Verfahren bei der biblischen Exegese ab. Die Exegese wird ein Kampfmittel im Aufbau und Abbau der Apokalypse. Die Apokalyptiker können gar nicht genug bekommen an biblischen Worten, die sich nach ihnen auf die Endzeit, ihren Anbruch und ihren Inhalt beziehen. Nicht nur Dinge, die offensichtlich davon handeln, sondern vieles andere, und je mehr desto besser, wird dafür herangezogen. Je bunter, je voller das Bild, desto größer die Möglichkeit der dramatischen Montage der einzelnen Stadien und der Fülle des Inhalts der Erlösung. Es hat an Mystikern nicht gefehlt, die aus ihren Voraussetzungen über den prinzipiell unendlichen Sinngehalt der Schrift die Folgerung gezogen haben, daß eine dieser Sinnesschichten in jedem biblischen Wort einen Hinweis oder eine Präfiguration des messianischen Endes enthält, womit die apokalyptische Exegese nun auf alles angewandt werden konnte. Wir besitzen eine solche fast durchgeführte Erklärung über den Psalter aus der Zeit kurz nach der Vertreibung aus Spanien, als die apokalyptischen Wellen in den aufgewühlten Herzen besonders hoch gingen[28].

Das Verfahren ihrer Gegner ist genau umgekehrt. Sie suchen so viel nur immer möglich nicht mehr auf Messianisches zu beziehen, sondern auf andere Verhältnisse. Typologie ist ihnen in der Seele zuwider. Die Weissagungen der Propheten sind großenteils durch Ereignisse zur Zeit Esras, Serubabels, der Makkabäer und der Zeit des zweiten Tempels überhaupt

---

27 *Megillath ha-Megalle*, ed. Adolf Poznanski und Julius Guttmann, Berlin 1924.
28 Vgl. meine *Jüdische Mystik*, S. 271–272.

erfüllt. Viele Stücke, die von den einen auf den Messias gedeutet wurden, stellen Weissagungen auf das Schicksal des jüdischen Volkes überhaupt dar (wie jenes berühmte *Jesaja*-Kapitel 53 vom leidenden Gottesknecht). Die Tendenz ist also, den Geltungsbereich des Messianischen soviel wie möglich einzuschränken. Hierzu kommt freilich ein apologetisches Moment, dessen Wirksamkeit nicht zu unterschätzen ist. In den theologischen Auseinandersetzungen mit den Ansprüchen der Kirche standen die Vertreter der rationalen Tendenzen im Vordergrund. Je mehr die Bibel-Exegese das rein messianische Element beschränken konnte, desto besser für die oft genug von äußerer Gewalt erzwungenen Verteidigungen des jüdischen Standpunkts. Die Apokalyptiker aber waren an Apologetik überhaupt nicht interessiert. Ihr Denken vollzieht sich jenseits solcher Auseinandersetzung an der Grenze, und nicht um Sicherungen der Grenzen ist es ihnen zu tun. Dies ist zweifellos der Grund, warum die Äußerungen der Apokalyptiker oft echter und freier erscheinen als die ihrer Gegner, bei denen die diplomatischen Bedürfnisse der antichristlichen Polemik oft genug hineinspielen und den Durchblick auf die echten Motive ihres Denkens nicht immer freigeben. In seltenen Figuren vermischen sich beide Richtungen. Die bedeutendsten Kodifikationen der messianischen Idee im späteren Judentum sind die Schriften des Isak Abarbanel (um 1500) und das Werk *Der Sieg Israels* des »Hohen Rabbi Loew«, Juda Loew ben Bezalel von Prag (1599). Ihre Autoren sind keine Visionäre, sondern Schriftsteller, die sich bemühen, das in so widersprechenden Traditionen überlieferte Gedankengut einheitlich zusammenzufassen, wobei sie den apokalyptischen Traditionen trotz ihrer sonst eher zurückhaltenden Art weitgehenden Spielraum gegönnt haben.

6

Ich habe hier versucht, die Bedeutung zweier großer Strömungen für das Verständnis der messianischen Idee im Judentum zu beleuchten. Ich bin dabei nur kursorisch auf die spezifischen Formen eingegangen, die die messianische Idee im Denken der jüdischen Mystiker angenommen hat, und gar nicht auf die spezifische Problematik, die für das Denken der Kabbalisten, denen das Judentum ein *corpus symbolicum*, eine symbolische Darstellung der Weltrealität und der Aufgabe des Menschen in ihr mehr als irgend etwas anderes war, die Frage der Erlösung annehmen mußte. Ich bin darauf an anderen Orten eingegangen und will mich hier nicht wiederholen[29]. Für sie entsteht selbstverständlich die Frage nach der mystischen Bedeutung der Erlösung, in der sich die wahre Bedeutung des Vorgangs erst eröffnet, den sie im übrigen im Sinne des hier eingangs Gesagten durchaus nicht seines historischen, nationalen und gesellschaftlichen Charakters damit entkleideten. Auch für sie entsteht die Frage nach dem Restaurativen und Utopischen in der Erlösung, ist doch gerade bei ihnen die Beziehung des Endes auf den Anfang aller Dinge oft besonders prononciert. Das restaurative Moment erhält hier sehr oft nicht so sehr einen historischen Charakter als den einer Wiederherstellung einer anfänglichen Einheit und Harmonie aller Dinge, die gestört worden ist. Aber es ist schon so, daß eine wiederhergestellte Einheit eben doch nicht nur die ursprüngliche ist, und so nimmt es denn nicht wunder, daß unter vielen Formen das utopische Element sich hier in neuen Formulierungen oder Symbolen Ausdruck schafft. In der Erlösung strahlen vom Innern der Welt her Lichter auf, die bisher überhaupt noch nicht aus ihrer Quelle herausgetreten sind[30]. Es gibt verschlossene Bezirke des Göttlichen, die dann erst sich eröffnen, und sie machen den Stand der Erlösung zu einem unendlich reicheren und erfüllteren als jeder Urstand war.

Der utopische Gehalt der messianischen Erlösung als eines nicht-restaurativen Standes der Welt bleibt in der mystischen Tradition des Judentums, bei den Kabbalisten und Chassidim, vor allem auch im Bewußtsein von der – von uns aus gese-

---

29 Vgl. dort, S. 267–275, 305–313, sowie im *Eranos Jahrbuch* XVII, S. 325–333.
30 Dies ist eine Vorstellung, die besonders der lurianischen Schule geläufig ist, aber auch schon von Moses Cordovero, *Elima Rabbathi,* Brody 1881, f. 46 c/d entwickelt wird. In der älteren Kabbala ist es besonders der nun ununterbrochene *Hieros Gamos* von *Tif'ereth* und *Malchuth,* der unter mystischem Aspekt die messianische Zeit kennzeichnet.

hen – strikt paradoxen Natur des erneuerten messianischen Seins erhalten, das in vielen Worten der Mystiker seinen Ausdruck gefunden hat. Die Ankunft des Messias selber ist an unmögliche, jedenfalls höchst paradoxe Bedingungen gebunden, niemals wohl melancholischer und menschlich-vertrackter als in dem, einen Gedanken des *Sohar* zuspitzenden Wort, der Messias werde nicht eher kommen, als bis die Tränen Esaus versiegt sein werden[31]. Unter allen Bedingungen der Erlösung wahrlich die überraschendste und zugleich unmöglichste! Denn die Tränen Esaus sind die, die er nach *Genesis* 27:38 vergoß, als er von Jakob um den Segen Isaks betrogen wurde. An tiefen Worten dieser Art hat es hier nie gefehlt, und berühmt geworden sind in dieser Art die Äußerungen des Rabbi Israel von Rischin, daß in den Tagen des Messias der Mensch nicht mehr mit dem Mitmenschen hadern werde, sondern mit sich selber, oder jenes abgründige Wort, daß die messianische Welt eine Welt ohne Gleichnisse sein werde, »in der das Gleichnis und das Verglichene nicht mehr aufeinander bezogen werden könne«, das heißt also wohl, daß hier ein Sein auftauchen werde, das nicht mehr abbildfähig ist. Dies alles sind Formen, unter denen das Utopische seine fortdauernde Macht erweist, und die Schriften der Kabbalisten sind voll von Versuchen, dessen unergründliche Tiefen zu ergründen.

Ich will aber zum Abschluß dieser Erörterungen noch ein Wort über einen Punkt sagen, der bei Diskussionen über die messianische Idee, soweit ich sehe, entschieden zu kurz gekommen ist. Ich meine damit den Preis des Messianismus, den Preis, den das jüdische Volk für diese Idee, die es der Welt geschenkt hat, aus seiner Substanz hat bezahlen müssen. Die Größe der messianischen Idee entspricht der unendlichen Schwäche der jüdischen Geschichte, die im Exil zum Einsatz auf der geschichtlichen Ebene nicht bereit war. Sie hat die Schwäche des Vorläufigen, des Provisorischen, das sich nicht ausgibt. Denn die messianische Idee ist nicht nur Trost

---

[31] Als *Sohar*-Zitat bei Benjamin aus Solositz, *Ture Sahab*, Mohilew 1816, f. 56b. Die Formulierung ist eine Zuspitzung einer Stelle im *Sohar* II, 12b.

und Hoffnung. In jedem Versuch ihres Vollzuges brechen die Abgründe auf, die jede ihrer Gestalten ad absurdum führen. In der Hoffnung leben ist etwas Großes, aber es ist auch etwas tief Unwirkliches. Es entwertet das Eigengewicht der Person, die sich nie erfüllen kann, weil das Unvollendete an ihren Unternehmungen gerade das entwertet, was ihren zentralen Wert betrifft. So hat die messianische Idee im Judentum das *Leben im Aufschub* erzwungen, in welchem nichts in endgültiger Weise getan und vollzogen werden kann. Die messianische Idee – darf man vielleicht sagen – ist die eigentliche anti-existentialistische Idee. Es gibt, genau verstanden, jenes Konkrete gar nicht, das von nichterlösten Wesen vollzogen werden könnte. Das macht die Größe des Messianismus aus, aber auch seine konstitutionelle Schwäche. Die jüdische sogenannte »Existenz« hat das Gespannte, niemals sich wahrhaft Entladende, das nicht Ausgebrannte an sich, das, wo es sich in unserer Geschichte entlädt, mit einem törichten Wort dann als Pseudo-Messianismus verschrien, oder sollte man sagen, entlarvt wird. Die, ich möchte sagen, brennende Landschaft der Erlösung hat den historischen Blick des Judentums wie in einem Brennpunkt auf sich gesammelt. Es ist kein Wunder, daß die Bereitschaft zum unwiderruflichen Einsatz aufs Konkrete, das sich nicht mehr vertrösten will, eine aus Grauen und Untergang geborene Bereitschaft, die die jüdische Geschichte erst in unserer Generation gefunden hat, als sie den utopischen Rückzug auf Zion antrat, von Obertönen des Messianismus begleitet ist, ohne doch – der Geschichte selber und nicht einer Metageschichte verschworen – sich ihm verschreiben zu können. Ob sie diesen Einsatz aushält, ohne in der Krise des messianischen Anspruchs, den sie damit mindestens virtuell heraufbeschwört, unterzugehen – das ist die Frage, die aus der großen und gefährlichen Vergangenheit heraus der Jude dieser Zeit an seine Gegenwart und seine Zukunft hat.

Nachbemerkung
Aus einem Brief an einen protestantischen Theologen

Sie haben in Ihrem Aufsatz zu meinen Ausführungen über die unterschiedliche Haltung zur messianischen Idee im Judentum und Christentum (oben S. 121–122) kritisch Stellung genommen. Als Anhänger der Barthschen Schule der dialektischen Theologie beanstanden Sie, daß ich mich bei meiner Gegenüberstellung auf »Klischees und verzerrende Simplifikationen« festlege, von denen ein Christ wie Sie sich schleunigst herausziehe, weil seit Johannes Weiss und Albert Schweitzer, besonders aber seit Barth die Differenz zwischen der alttestamentlichen und neutestamentlichen Eschatologie anders liefe als frühere Jahrhunderte christlicher Theologie es gesehen hätten. Daher könne ein evangelischer Theologe Ihrer Generation nicht mehr zustimmen, wenn »das« Christentum unbesehen auf jene altehrwürdige, heute aber innerhalb der christlichen Theologie durchaus in Frage gestellte Tradition festgelegt werde.
Ich schreibe als Historiker, der sich lange Jahre mit Fragen abgegeben hat, die den von Ihnen beanstandeten Punkt betreffen. Seit Jahrzehnten lese ich die Bücher von getauften Juden über ihre Beweggründe zur Konversion, die ihnen ja von Theologen geliefert worden sind, lese ich theologische Polemiken gegen das Judentum, angefangen von der Patristik bis ins zwanzigste Jahrhundert, lese ich die Dogmatiken katholischer und protestantischer Herkunft. Das sind die Quellen, die in der historischen Auseinandersetzung zwischen Judentum und Christentum für das Bild, das die Christen von sich selbst gezeichnet haben, bestimmend gewesen sind, was immer ihre Differenzen untereinander gewesen sein mögen. In allen Schriften, die ich studiert habe, wird, in welch verschiedener Nuancierung immer, gerade der Punkt, den Sie nicht etwa dem unendlichen Chorus der christlichen Theologen und getauften Juden, von denen ich meine Kenntnis

über das Christentum bezogen habe, sondern vielmehr mir ankreiden, als fundamental bezeichnet. Nun, seitdem Schweitzer und die dialektische Theologie Karl Barths im zwanzigsten Jahrhundert auf den Plan getreten sind, soll eine historische Konfrontation der Traditionen nicht mehr statthaben dürfen. Von uns, die wir die historische Realität des Christentums und seiner Ansprüche an uns, wie sie so überreichlich dokumentiert sind, unbefangen studieren, wird jetzt verlangt, wir sollten solche »Klischees« – in deren Namen 1700 Jahre lang gegen uns argumentiert worden ist! – fahren lassen, da eine neue Theologie im Entstehen sei. Das letztere mag wohl sein. Ich fühle mich nicht berufen, darüber zu urteilen. Ob sie eine historische Wirkung auf das Verhältnis von Judentum und Christentum haben wird, steht vorläufig dahin. Das aber darf ich sagen: alle mir bekannten Autoren außerhalb der Barthschen Schule und außerhalb der von den Kirchen als »judaisierend« abgelehnten Sekten waren auf den von mir nicht erfundenen, nur eben einmal aus einer ganz anderen Sicht her angeschauten Satz von der wesentlich innerlichen »geistlichen« Natur der Erlösung überaus stolz, ja sie verbissen sich geradezu darin. Jetzt aber soll alles nicht wahr gewesen sein, was die Christen mit ihren eigenen Worten so lange Zeitläufte hindurch von sich selbst behauptet haben – und besonders, wenn ein Jude es zitiert. Das scheint mir fürwahr eine sonderbare Diskussion. In der vergangenen Geschichte der Kirche hat die neue Auffassung bisher keine bedeutende Wirkung gehabt, insofern die Auseinandersetzung mit dem Judentum in ihr Blickfeld getreten ist. Wohl aber hat solche Wirkung eben die entgegengesetzte Auffassung gehabt. In einer historischen Analyse dessen, was die messianische Idee im Rahmen des rabbinischen Judentums bedeutet hat – und das ist der Kontext meiner Sätze –, konnte sie nur mit dem konfrontiert werden, was sich diesem Judentum gegenüber so unendlich oft und beredt als christlich deklariert hat. Wenn das alles falsch war, was da vorgegeben wurde, dann folgt daraus freilich etwas für die Beurteilung des Christentums, wie wir es in der Realität, nicht in den Schriften der dialektischen Theologen zu schmecken bekommen haben, sondern eben in den sehr handgreiflichen Folgerungen, die die Christen, Katholiken und Protestanten allzumal, aus ihren Prämissen gezogen haben. Ist es nicht etwas irreführend, die Formeln und Sentenzen, mit denen man den Juden so lange auf den Leib gerückt ist, nun, wo sie (wie ich gern zugebe) an ihrer eigenen Dialektik zerplatzen, als Klischees zu bezeichnen, deren Herausstellung, wie wir sie am eigenen Leibe kennengelernt haben, uns nun übelgenommen wird!? Sind Kierkegaard und die reine Innerlichkeit – als ob ich die mir ausgedacht hätte! – plötzlich nicht mehr ganz so groß, wie sie uns noch vor nicht allzu langer Zeit gepriesen wurden? Ich habe für die neuen Töne, die jetzt manchmal – zum Beispiel in dem, was ich von Ihnen gelesen habe – zu vernehmen sind, die größte Achtung. Aber die Adresse Ihrer Kritik sollten nicht Autoren wie ich bilden, sondern die Tradition der Christenheit selber, die zu zitieren ich mir erlaubt habe. In der Zukunft mag es einmal andere Fronten und Differenzierungen geben – ich möchte es mit Ihnen erhoffen –, aber der Historiker kann sich ehrlicherweise nur an die Dokumente halten, die im Namen der christlichen Theologie an uns gerichtet worden sind, und es sind diese Dokumente, für die wir den vollen Preis haben bezahlen müssen.

Von Gershom Scholem erschienen im Suhrkamp Verlag

Die jüdische Mystik in ihren Hauptströmungen
Von der mystischen Gestalt der Gottheit.
Studien zu Grundbegriffen der Kabbala
Zur Kabbala und ihrer Symbolik

Bibliothek Suhrkamp
Judaica 1. *Essays*
Judaica 2. *Essays*
Judaica 3. *Essays*

edition suhrkamp
Über einige Grundbegriffe des Judentums

suhrkamp taschenbuch wissenschaft
Zur Kabbala und ihrer Symbolik

Bibliothek Suhrkamp

605 Ludwig Hohl, Vom Arbeiten · Bild
606 Herman Bang, Exzentrische Existenzen
607 Guillaume Apollinaire, Bestiarium
608 Hermann Hesse, Klingsors letzter Sommer
609 René Schickele, Die Witwe Bosca
610 Machado de Assis, Der Irrenarzt
611 Wladimir Trendrjakow, Die Nacht nach der Entlassung
612 Peter Handke, Die Angst des Tormanns beim Elfmeter
613 André Gide, Die Aufzeichnungen und Gedichte des André Walter
614 Bernhard Guttmann, Das alte Ohr
616 Ludwig Wittgenstein, Bemerkungen über die Farbe
617 Paul Nizon, Stolz
618 Alexander Lernet-Holenia, Die Auferstehung des Maltravers
619 Jean Tardieu, Mein imaginäres Museum
620 Arno Holz / Johannes Schlaf, Papa Hamlet
621 Hans Erich Nossack, Vier Etüden
622 Reinhold Schneider, Las Casas vor Karl V.
624 Ludwig Hohl, Bergfahrt
627 Vladimir Nabokov, Lushins Verteidigung
628 Donald Barthelme, Komm wieder, Dr. Caligari
629 Louis Aragon, Libertinage, die Ausschweifung
630 Ödön von Horváth, Sechsunddreißig Stunden
631 Bernhard Shaw, Sozialismus für Millionäre
633 Lloyd deMause, Über die Geschichte der Kindheit
634 Rainer Maria Rilke, Die Sonette an Orpheus
635 Aldous Huxley, Das Lächeln der Gioconda
637 Wolf von Niebelschütz, Über Dichtung
638 Henry de Montherlant, Die kleine Infantin
639 Yasushi Inoue, Eroberungszüge
640 August Strindberg, Das rote Zimmer
641 Ernst Simon, Entscheidung zum Judentum
642 Albert Ehrenstein, Briefe an Gott
645 Marie Luise Kaschnitz, Beschreibung eines Dorfes
646 Thomas Bernhard, Der Weltverbesserer
647 Wolfgang Hildesheimer, Exerzitien mit Papst Johannes
648 Volker Braun, Unvollendete Geschiche
649 Hans Carossa, Ein Tag im Spätsommer 1947
651 Regina Ullmann, Ausgewählte Erzählungen
652 Stéphane Mallarmé, Eines Faunen Nachmittag
653 Flann O'Brien, Das harte Leben
654 Valery Larbaud, Fermina Márquez
671 Yehudi Menuhin, Kunst und Wissenschaft als verwandte Begriffe

edition suhrkamp

895 Umberto Eco, Zeichen. Einführung in einen Begriff und seine Geschichte
897 Ralph-Rainer Wuthenow, Muse, Maske, Meduse
898 Cohen/Taylor, Ausbruchversuche. Identität und Widerstand
901 Der bürgerliche Rechtsstaat. Herausgegeben von Mehdi Tohidipur
902 Ernest Borneman, Psychoanalyse des Geldes
903 Steven Marcus, Umkehrung der Moral
904 Alfred Sohn-Rethel, Warenform und Denkform
905 Beiträge zur Soziologie der Gewerkschaften. Hrsg. von Joachim Bergmann
906 Brecht-Jahrbuch 1977
907 Horst Kern, Michael Schumann, Industriearbeit und Arbeiterbewußtsein
908 Julian Przyboś, Werkzeug aus Licht
910 Peter Weiss, Stücke II
913 Martin Walser, Das Sauspiel mit Materialien. Herausgegeben von Werner Brändle
916 Dürkop/Hardtmann (Hrsg.), Frauen im Gefängnis
917 Bowles S./Gintis H., Pädagogik und die Widersprüche der Ökonomie
918 Klaus-Martin Groth, Die Krise der Staatsfinanzen
920 Tagträume vom aufrechten Gang. Sechs Interviews mit Ernst Bloch, Herausgegeben von Arno Münster
921 Silvia Bovenschen, Die imaginierte Weiblichkeit
922 Anderson, Von der Antike zum Feudalismus
923 Sozialdemokratische Arbeiterbewegung, Band 1, Herausgegeben von Wolfgang Luthardt
925 Friedensanalysen 6
927 Ausgewählte Gedichte Brechts, Herausgegeben von Walter Hinck
928 Betty Nance Weber, Brechts ›Kreidekreis‹
929 Auf Anregung Bertolt Brechts: Lehrstücke. Herausgegeben von Reiner Steinweg
930 Walter Benjamin, Briefe 1 und 2. Herausgegeben von Gershom Scholem und Theodor W. Adorno
932 Jugendarbeitslosigkeit. Herausgegeben von Gero Lenhardt
933 Ute Gerhard, Verhältnisse und Verhinderungen
934 Sozialdemokratische Arbeiterbewegung, Band 2, Herausgegeben von Wolfgang Luthardt
935 Literatur ist Utopie. Herausgegeben von Gert Ueding
936 Berger/Heßler/Kavemann, Brot für heute, Hunger für morgen
937 Labrousse, Lefebvre, Soboul u. a. Geburt der bürgerlichen Gesellschaft 1789. Herausgegeben von I. A. Hartig
938 Habermas, Bovenschen u. a., Gespräche mit Marcuse
939 Thomas Brasch, Rotter Und weiter
940 Simone Weil, Fabriktagebuch
941 Ute Volmerg, Identität und Arbeitserfahrung

942 Klaus Eßer, Lateinamerika
943 Gewerkschaften und Strafvollzug, Hrsg. v. Lüderssen u. a.
944 Alexander von Brünneck, Politische Justiz
945 Jacques Derrida, Die Stimme und das Phänomen
948 Thompson/Caspard/Puls; Alltagspraxis, Wahrnehmungsformen, Protestverhalten
949 Julia Kristeva, Die Revolution der poetischen Sprache
950 Perry Anderson, Die Entstehung des absolutistischen Staates
951 Grundrechte als Fundament der Demokratie, hrsg. von Joachim Perels
954 Elias/Lepenies, Zwei Reden. Theodor W. Adorno-Preis 1977
955 Friedensanalysen 7
956 Brecht-Jahrbuch 1978. Hrsg. Fuegi/Grimm/Hermand
957 Gesellschaft, Beiträge zur Marxschen Theorie 11
958 Friedensanalysen 8
959 Martin Walser, Wer ist ein Schriftsteller?
960 Albert Soboul, Französische Revolution und Volksbewegung
962 Bettelheim/Mészarós/Rossanda u. a., Zurückforderung der Zukunft
963 Starnberger Studien 2
964 Nach dem Protest. Literatur im Umbruch. Herausgegeben von W. Martin Lüdke
966 Kern, Kampf um Arbeitsbedingungen
967 Michail M. Bachtin, Die Ästhetik des Wortes, hrsg. von Rainer Grübel
968 Frauen, die pfeifen. Herausgegeben von R. Geiger, H. Holinka, C. Rosenkranz, S. Weigel
969 Ernst Bloch, Die Lehren von der Materie
970 Giuliano Scabia, Das große Theater des Marco Cavallo
971 Siegfried Kracauer, Jacques Offenbach
974 Jiří Kosta, Abriß der sozialökonomischen Entwicklung der Tschechoslowakei 1945-1977
975 Nathan, Ideologie, Sexualität und Neurose
976 Bernd Jürgen Warneken, Literarische Produktion
978 Klaus Mäding, Strafrecht und Massenerziehung in der VR China
979 Bertolt Brecht, Tagebücher 1920-1922
981 Jeanne Favret-Saada, Die Wörter, der Zauber, der Tod
983 Bassam Tibi, Internationale Politik und Entwicklungsländer-Forschung
984 Dieter Kühn, Löwenmusik
985 Agnes Schoch, Vorarbeiten zu einer pädagogischen Kommunikationstheorie
987 Augusto Boal, Theater der Unterdrückten
989 Brecht-Jahrbuch 1979
991 Ruggiero Romano u. a., Die Gleichzeitigkeit des Ungleichzeitigen
992 Naturalismus/Ästhetizismus. Herausgegeben von Bürger/Schutte-Sasse
993 Ginette Raimbault, Kinder sprechen vom Tod
996 Starnberger Studien 3
1000 Stichworte zur ›Geistigen Situation der Zeit‹ 1. Band, Nation und Republik; 2. Band, Politik und Kultur. Herausgegeben von Jürgen Habermas.